# Im Land der Träume

# Der Autor

Ingo Michael Simon ist Heilpraktiker für Psychotherapie und Hypnosetherapeut. Mit Hilfe hypnosegestützter Psychotherapie behandelt er vor allem Menschen mit anhaltenden psychischen Leiden. Angststörungen aller Art und psychosomatische Erkrankungen bilden den Schwerpunkt seiner Praxistätigkeit. Zu seinen therapeutischen Angeboten gehören hauptsächlich klassische und moderne Hypnoseanwendungen, somato-emotionale Psychotherapie und geführte Trancereisen durch die Welt des von ihm entwickelten TRAUMLANDES als innere Repräsentanz der Emotionen.

# Ausbildungskurse

Ingo Michael Simon bietet regelmäßig Ausbildungskurse zu verschiedenen Hypnoseformen von der klassischen Suggestionshypnose bis zu modernen Visualisierungstechniken und natürlich zu der von ihm selbst entwickelten TRAUMLANDTHERAPIE an. Aktuelle Informationen, Angebote und Termine finden Sie auf *www.praxissimon.de*.

# Im Land der Träume

## Fantasiereisen für Erwachsene

### Band 7

Ingo Michael Simon

# Im Land der Träume

## Fantasiereisen für Erwachsene 7

© 2014 - I. M. Simon

© 2014 Ingo Michael Simon
Herstellung und Verlag:
BoD - Books on Demand, Norderstedt
ISBN: 978-3-7322-8605-8

Covergestaltung: Magic Merlin

Kontakt zum Autor:

http://www.traumlandtherapie.de
http://www.praxissimon.de

---

# Inhaltsverzeichnis

# Die neue Buchreihe von I. M. Simon
# Zehn Gruppenhypnosen

Band 1: Selbstwert und Selbstachtung

Band 2: Burn Out

Band 3: Übergewicht und Adipositas

Band 4: Angstbewältigung

Band 5: Chronische Schmerzen

Band 6: Psychosomatik

Band 7: Raucherentwöhnung

Band 8: Bulimie und Heißhungerattacken

Band 9: Suchtneigung und Abhängigkeit

Band 10: Sammelleidenschaft

*Eine gute Gruppenhypnose ist anders als eine Einzelhypnose für mehrere. Die Textbausteine dieses Buches sind speziell für die Arbeit mit Gruppen formuliert und berücksichtigen sowohl die Anwesenheit als auch das energetische Potenzial der Teilnehmer der Hypnosesitzungen!*

# Vorwort

Die von mir entwickelte TRAUMLANDTHERAPIE ist eine Form der Begleitung und Behandlung für Menschen, die in schwierigen Lebensphasen oder im Umgang mit Krankheiten alternative Hilfe suchen. Als Heilpraktiker für Psychotherapie arbeite ich vor allem mit Klienten, die unter schweren Angstzuständen leiden oder von Zwängen und anderen neurotischen Störungen betroffen sind. In den letzten Jahren der intensiven Auseinandersetzung mit tieferen Zugangsmöglichkeiten zu den verdrängten Emotionen meiner Klienten, die ich vor allem für sie selbst erfahrbar und verstehbar machen möchte, habe ich die spezielle Vorgehensweise der Traumlandreisen entworfen und kontinuierlich weiter entwickelt. Die Tagtraumreisen oder Fantasiereisen im und durch das Land der Träume können dabei in einer einfachen Form zur Entspannung und zum Abbau von Stressbelastungen eingesetzt werden, in der therapeutischen Version können damit mentale Probleme und psychische Störungen bis hin zu schweren krankhaften Psychosyndromen therapiert werden. Meine Erfahrung hat gezeigt, dass auch die begleitende Behandlung körperlicher Erkrankungen und die Therapie des psychischen Anteils der Krankheiten im Sinne einer psychosomatischen Psychotherapie von den Fantasiereisen der Traumlandtherapie profitieren. Da ich seit Jahren Texte für Hypnose- und Trancetherapeuten veröffentliche und immer wieder Anfragen zu der therapeutischen Version der Traumlandreisen erhalte, habe ich die Homepage der Traumlandtherapie überarbeitet. Auf *www.traumlandtherapie.de* gibt es Hörproben und Ausbildungsangebote und natürlich auch die Möglichkeit, Termine in meiner Praxis zu vereinbaren. Ich wünsche allen Therapeuten und Beratern, allen kranken und leidenden Menschen, aber auch allen, die sich aus anderem Grund für diese Fantasiereisen interessieren, dass sie im Land der Träume sich selbst neu und anders begegnen können und Befreiung und Zufriedenheit finden.

*Ingo Michael Simon*
*Oktober 2014*

# Die Traumlandtherapie

Die Arbeit mit Fantasiereisen (Trancegeschichten) ist älter als die Hypnosetherapie. Märchen und Erzählungen haben eine besondere Bedeutung, die in allen Kulturen der Welt weitgehend gleich ist. Sie werden erzählt, um Angst zu vertreiben, um Ruhe zu finden und um den Kindern etwas Lehrreiches mit auf den Weg zu geben. Verpackt in eine Geschichte soll auf Gefahren aufmerksam gemacht werden, sollen Moral und Tugend aufgebaut und gefördert werden und nicht zuletzt sollen böse Geister vertrieben werden. Im Grunde genommen geht es in Märchen immer um etwas Heilsames. Viele Therapeuten wehren sich sicherlich bei der Behauptung, dass eine Fantasiereise ein Märchen sei. Das hat wahrscheinlich damit zu tun, dass der Fantasiereise oder Trancegeschichte eine therapeutische Absicht anhaftet, was bei den Kindermärchen nicht der Fall ist. Dennoch wirkt das gleiche Prinzip. Unsere Vorstellungskraft wird gefordert. Wir versetzen uns beim Anhören immer in das Märchen oder eben in die Trancegeschichte hinein. Dabei spielt es keine Rolle, ob wir die Geschichte interessant oder albern finden. Wir gehen automatisch in die verschiedenen Figuren und Rollen hinein und machen uns ein Bild davon, was wir wohl selbst tun würden in der einen oder anderen Situation. Märchen beinhalten meistens Elemente, die nicht realistisch sind. Zauberei, Magie oder Wesen, die uns im Alltag nicht begegnen, spielen hier oft eine Rolle. Gleichzeitig ist der Kern der Geschichte doch immer sehr realistisch und gibt Anknüpfungspunkte zu unserem Leben. Die vermittelte Botschaft ist meistens eine Aufforderung, sich gut und ehrbar zu verhalten. Darauf verzichtet Therapie natürlich. Es geht ja nicht darum, einen moralisch guten Menschen zu erziehen, sondern Symptome zu lindern. Es ist jedoch das gleiche Prinzip. Fantasiereisen können Elemente oder Abläufe enthalten, die zauberhaft oder märchenhaft sind. In meinem Buch *Wellen am Horizont* gibt es beispielsweise eine Geschichte, bei der es um einen Freiheitsflug geht. Bei einer Fantasiereisen geht das einfach, indem wir die Arme ausbreiten und fliegen. In der Fantasie ist das kein Problem. Wer kennt nicht diese Fantasien, fliegen zu können, zaubern zu können? Gleichzeitig geht es aber auch um ganz reale Probleme oder im Falle der Behandlung von

Krankheiten auch um Symptome. Das Problem des Klienten wird in eine Geschichte verpackt, die ein symbolisches Spiegelbild der Thematik ist. Das wird intuitiv verstanden, so wie wir Metaphern und Vergleiche sehr leicht verstehen. Die von mir entwickelte Traumlandtherapie arbeitet mit ganz speziellen Märchen, genau genommen mit einer Märchenwelt, die der Klient selbst mit Leben füllt. Im Unterschied zu vielen anderen Trancegeschichten oder Fantasiereisen gibt es hier keinen vorgezeichneten Handlungsablauf und - zumindest bei den Fantasiereisen für Erwachsene - nur selten Figuren, denen ich Worte in den Mund lege. Meistens ist der Klient alleine im Land der Träume unterwegs und erkundet seine Emotionen und Bilder seiner Erinnerungen, um neue Wege zu finden. Manchmal trifft er auch Figuren, die in seiner Fantasie von alleine anfangen zu sprechen, ohne dass ich Inhalte oder Worte vorgebe. Die Traumlandreisen sind so aufgebaut, dass verdrängte Gefühle und Ereignisse wiederbelebt werden und auf einer tiefen Gefühlsebene verstanden und verarbeitet werden. Daher kommt die Traumlandreise auch ohne direkte oder verklausulierte Zielsuggestionen aus. Ziele und Wege findet der Klient im Land der Träume selbst. Es handelt sich also weniger um eine tatsächliche Geschichte als um eine Reise durch die eigenen Emotionen. Dabei kann der Zuhörer mehrfach die Perspektive wechseln und seine Probleme von verschiedenen Seiten her betrachten. Im Verlauf der Trancereise kann er außerdem Lösungswege ausprobieren und seine eigene Kreativität und innere Heilkraft wecken. Trancereisen regen immer zum Denken und Fühlen an, können praktisch keinen Schaden anrichten und sind leicht verfügbar. Mit etwas Fantasie können wir uns täglich neue Trancereisen ausdenken und sie unseren Klienten in der Beratung oder in der Therapie anbieten. Wenn sie sich für die Traumlandtherapie interessieren und diese gerne selbst erlernen möchten, besuchen sie mich doch einfach einmal auf meiner Homepage und informieren sich über aktuelle Kursangebote zur Traumlandtherapie auf *www.traumlandtherapie.de.*

Ich werde häufig auf meine Fantasiereisen angesprochen. In meinen Ausbildungsgruppen und von meinen Klienten höre ich immer wieder, dass die Geschichten sehr berührend sein können. Ich werde dann sehr oft gefragt, worauf denn zu achten sei beim Formulieren einer Fantasiereisen, um Schäden beim Klienten zu vermeiden. Natürlich gibt es gute und weniger gute Trancereisen. Doch sorgen sie sich nicht. Sie schaden ihrem Klienten nicht mit einer Geschichte, auch nicht mit einer visualisierten Reise durch seine Emotionen und Gedanken. Doch ich kenne schon das nächste Argument: Was helfen kann, kann auch schaden. Wer hilft, verändert ja etwas. Also kann auch eine negative Veränderung eintreten. - Ich bleibe stur! Fantasiereisen sind ungefährlich. Wir geben unseren Klienten Raum, da zu sein und sich zu öffnen. Ich versichere ihnen, dass das Gegenteil viel dramatischer ist: Schweigen, Ablenken und nicht darüber reden oder nicht einmal an die Probleme denken. Das führt zu einem immer größer werdenden inneren Druck, der die Problematik verschlimmert. Ich verzichte auf eine theoretische Erklärung der Wirkungsweise von Fantasiereisen und darüber, welche Wörter man benutzen oder lieber weglassen sollte, wenn man solche Geschichten schreibt oder frei formuliert. Probieren Sie die Tagträumereien einfach einmal aus und versuchen Sie doch einmal nach einiger Zeit, selbst eine Fantasiereise zu schreiben. Sie werden sehen, dass es vor allem auf die liebevolle und zärtliche Grundhaltung beim Formulieren und beim Lesen oder Sprechen ankommt, auf Respekt und ehrliche Akzeptanz. Das ist dann schon mehr als genug, um eine gute und auch therapeutische Wirkung zu erzielen.

Die Fantasiereisen der Traumlandtherapie folgen jedoch einem klaren Aufbau, den ich im Verlauf meiner Praxistätigkeit entworfen und weiterentwickelt habe. Das hat vor allem damit zu tun, dass es sich in meiner Arbeit überwiegend um Therapie handelt und eine klare Struktur den Ablauf der Sitzung erleichtert. In der direkten Arbeit mit meinen Klienten lese ich nie einen Text ab, sondern formuliere alle Fantasiereisen oder Hypnosetexte frei und individuell. Doch es wäre nicht sehr professionell, einfach drauf los zu erzählen. Unsere Klienten brauchen in der Regel etwas Zeit, um von Alltagsgedanken Abstand zu nehmen und sich auf das Fantasieren und Visualisieren einzustellen. Außerdem geht es ja nicht um freie Assoziation des Klienten sondern um die Konfrontation mit Themen und Eigenanteilen. Ein klarer Aufbau, der die innere Schrittfolge von Erkennen, Verstehen und Verändern berücksichtigt, bietet sich daher dringend an. Bereits die Rückmeldungen zu den ersten

Bänden meiner Buchreihe *Zehn Hypnosen* hatten gezeigt, dass der Bedarf an therapeutischen Texten hoch ist. Ich habe bereits früher Fantasiereisen in Büchern veröffentlicht, gehe mit dieser neuen Buchreihe nun aber dazu über, den Aufbau der Reisen deutlicher zu strukturieren und damit für die Leser nachvollziehbar zu machen. Die einzelnen Abschnitte sind daher jeweils am Anfang mit einem kursiv gedruckten Hinweis versehen, der klarstellt, welche therapeutische Funktion der betreffende Textteil hat. Folgende Schritte gehören zu einer therapeutischen Fantasiereise des Traumlandes:

1. Hinführung zum Thema (Themeninput)
2. Ankommen im Land der Träume
3. Distanzierung vom Bewussten
4. Bewusstseinsreinigung
5. Konfrontation und Klärung
6. Schritt in die Gegenwart
7. Kreative Neuausrichtung
8. Selbstversöhnung
9. Achtsamkeit und Selbsttreue

Die Hinführung zum Thema sollte immer möglichst nah am tatsächlichen Erleben und an der Geschichte des jeweiligen Klienten formuliert werden. Ich habe diesen Abschnitt am Anfang jeder Trancereise kursiv gedruckt und in Klammern gesetzt. Entscheiden sie selbst, ob sie diese Einleitung so übernehmen oder eine individuelle Hinführung benutzen. Ich habe darauf geachtet, alle Textteile so zu formulieren, dass sie auch ohne Anpassung und Umformulierung benutzt werden können. Wenn sie mit einem Klienten in mehreren Sitzungen arbeiten, empfehle ich die Abschnitte *Ankommen im Land der Träume, Bewusstseinsreinigung, Schritt in die Gegenwart* und den letzten Abschnitt, *Achtsamkeit und Selbsttreue,* ab der zweiten Sitzungen immer sehr ähnlich zu halten. Diese Schritte gelten als Fixpunkte für den Klienten, der in jeder Reise einen unterschiedlichen Schwerpunkt seines Themas bearbeitet und sich an dem verlässlichen Gerüst dieser Abschnitte festhalten kann. Er erkennt das Land der Träume an diesen „Stationen" immer wieder als die Plattform seiner inneren Auseinandersetzung mit sich selbst. So kann der Klient in jeder Sitzung ein sehr unterschiedliches und sich stark veränderndes Land der Träume erleben, gleichzeitig aber vertraute und ihn führende Elemente wieder erkennen. Die jeweils erste Fantasiereise dient als Grundversion, die dem Zuhörer das Land der Träume und das Grundprinzip der verdrängten Gefühle erklärt. Daher weicht der Aufbau der ersten Sitzung von der typischen Schrittfolge, die ich gerade erläutert habe, ab. Eine Tranceeinleitung oder Induktion ist nicht erforderlich. Fantasiereisen führen ganz von selbst in einen Entspannungszustand, der einer Therapietrance entspricht. Dieser Zustand ist vollkommen ungefährlich. Lassen sie ihrem Klienten am Ende der Reise etwas Zeit zum Wachwerden und helfen sie etwas dabei. Auch hierzu ist keine klassische Tranceausleitung notwendig, kann aber verwendet werden. Ich habe eine „Ausleitung" an das Ende jeder Reise gehängt.

Für jedes Buch dieser Reihe wähle ich zwei verschiedene Themen aus, zu denen ich jeweils fünf Fantasiereisen schreibe, die als Sitzungsfolge verstanden werden können. Die Reihenfolge und die Vorgehensweise der fünf Fantasiereisen sind so gewählt, dass sie als Therapeut mit einem Klienten in der Schrittfolge der Traumlandtherapie fünf aufeinander folgende Sitzungen gestalten können. Wenn sie die Reisen für sich selbst nutzen wollen, nehmen sie sich einfach die fünf Reisen als Audiodatei auf und hören sie sich diese an. Nutzen sie jede Aufnahme für die Dauer einer Woche und hören sie diese täglich an. Spüren sie dann selbst die Wirkung. Denken sie bitte auch daran, dass selbst gesprochene Fantasiereisen nicht die Behandlung durch einen Arzt oder Heilpraktiker ersetzen. Die einzelnen Fantasiereisen bauen jedoch nicht inhaltlich aufeinander auf, das ist auch in meiner Praxis nicht so. Der Zuhörer muss nicht die zweite gehört haben um die dritte zu verstehen. Es können also auch einfach einzelne Reisen, die ihnen gut gefallen, in der Praxis benutzt werden. Alle Texte sind leicht zu verstehen, auch ohne jede Vorkenntnis. Sie wollen wissen, welchem Grundverständnis die Traumlandtherapie folgt? Nichts einfacher als das. Lesen sie einfach eine Grundversion (Erste Sitzung). Dann wissen sie alles, was wichtig ist. Sie müssen nicht danach suchen. Sie werden sehen, dass sich die Traumlandtherapie selbst erklärt.

# Der neue Audio-Fernkurs mit Trainingswochenende!

## *Zertifizierter Traumlandtherapeut*

von und mit
Ingo Michael Simon

Infos und Anmeldung auf

www.traumlandtherapie.de
www.praxissimon.de

## Prüfungsangst

*Erste Sitzung (Grundversion)*

*[Du hast Prüfungsangst, die sich dir so darstellt, dass du immer nervöser wirst, je näher eine Prüfung rückt, bis die Angst dann ganz von dir Besitz ergreift und dich lähmt. Irgendwann war das erste Mal, vielleicht erinnerst du dich jetzt daran. Du hast plötzlich nicht mehr die Kontrolle über die Situation halten können, hast dich ausgeliefert gefühlt. Du warst der Situation ausgeliefert und hast das dann immer wieder so erlebt. Dann hast du dich gefragt, wo all das herkommen kann. Vielleicht hast du nach Angst in deiner Kindheit gesucht oder nach schlimmen Ereignissen, die einst geschehen sind. Möglicherweise hast du auch so etwas gefunden, wovon du sagen kannst, daraus könnte eine Angst in Prüfungssituationen entstanden sein. Dann hat dich dein Weg zur Traumlandtherapie geführt. Das Land der Träume als inneres Land, das du in deinen Gedanken, in deiner Fantasie, vor allem aber in deinen Gefühlen finden kannst, erzählt dir eine Geschichte der Angst, die die Geschichte des Traumlandes ist. Sie ist aber auch deine Geschichte. Vielleicht überrascht es dich dann zu hören, dass eine frühere Angst, so schrecklich sie auch gewesen sein mag, nicht so einfach zu späterer Prüfungsangst führt. Doch es ist so geschehen, bei dir wie bei vielen anderen Menschen, die ähnliche Schwierigkeiten haben. Doch der Weg war ein anderer als du bisher geglaubt hast. Im Land der Träume lernst du ihn kennen, denn er wird in seiner Neubetrachtung und Umkehrung zu dem Weg der Erlösung und Befreiung für dich.]*

*Ankommen im Land der Träume.* Du stellst dich auf eine innere Reise ein ... ... eine Reise in ein weit entferntes Land, das gleichzeitig ganz nah ist: das Land deiner Träume ... ... Fühle den Rhythmus deiner Atmung und folge ihm. Stell dir dabei vor, du könntest deinen Körper verlassen, um durch Raum und Zeit zu reisen, zu deiner eigenen Kreativität und Fantasie, zu deiner eigenen Schöpfungskraft ... ... Auf den Flügeln deiner Seele, getragen vom Wind deines Atems, verlässt du jetzt deine Gedanken und deinen Körper und gehst in das Land der Träume ... ... In diesem besonderen Land ist alles möglich, was du denken kannst, denn aus jedem einzelnen Gedanken kann Wahrheit werden, wenn die richtige

Zeit dafür gekommen ist. Und wer weiß, vielleicht ist ja heute der richtige Zeitpunkt für eine neue Wahrheit in deinem Leben ... ...

*Der heilsame Weg.* Das Land der Träume ist ein besonderer Ort ... ... ein Ort, an dem du lernen kannst, was dich einst so ängstlich gemacht hat und dir selbst beigebracht hat, dich negativ zu beurteilen ... ... oder dich selbst als Versager zu sehen ... ... Du kannst hier lernen und erkennen, dass es einen Ausweg gibt ... ... einen Weg, der immer zu dir selbst führt und damit von vielen Schwierigkeiten, die du hast, wegführt ... ... dein Befreiungsweg im und durch das Land der Träume ... ... deswegen bist du hier ... ... um dich von alten Denkweisen und unklaren Gefühle zu befreien ... ... um zu erkennen, wer und was du wirklich bist ... ... Du stehst auf einem breiten Weg in einem Wald ... ... Du folgst dem Weg durch diesen Wald, der im Land der Träume der Wald deiner Gedanken ist ... ... Alle Gedanken, die du einst hattest, sind hier ... ... auch alle Gedanken, die du irgendwann noch denken wirst, genau so wie alle Gedanken, die du in diesem Augenblick haben könntest, bereits hier sind und darauf warten, von dir entdeckt zu werden ... ... Dein Weg führt zur Lichtung der Prüfungen ... ... ein Platz mitten im Wald deiner Gedanken, die aus deinen Gefühlen heraus entstehen ... ... Alle Orte im Land der Träume haben eine Bedeutung und diese Lichtung zeigt deine Gedanken zu dir selbst ... ... In der Mitte der Lichtung steht eine steinerne Gedenktafel, auf der steht „Ich habe Angst zu versagen", denn das ist dein Gedanke zu dir selbst ... ... Darunter stehen ganz viele Anforderungen und Einschätzungen von außen, denen du als Kind und auch als erwachsene Person begegnet bist ... ... Vielleicht steht dort „Du bist schuldig" oder „Es liegt an dir" oder „Kümmere dich mehr um andere als um dich selbst" oder „Du bist ein Versager" ... ... Doch das waren nicht deine Gedanken und Einschätzungen ... ... Du bist ihnen so oft begegnet, dass du sie irgendwann übernommen hast ... ... Das musste damals so geschehen, weil du nur so wirklich durchhalten konntest ... ... weil du in deinem Innern nur so überleben konntest ... ... Dich anzupassen, ob nun bewusst oder unbewusst, war deine Überlebensstrategie ... ... Doch diese steinerne Tafel wartet darauf, zu Staub zu zerfallen, um deinen wahren Gefühlen Raum zu geben ... ... um deine Selbstachtung und dein daraus erwachsendes Selbstvertrauen und deinen Mut zur Entfaltung zu bringen ... ... Hier im Land der Träume kannst du deine wahren Gefühle finden, die dir immer helfen, ob sie nun angenehm oder schmerzhaft sind ... ... Alles, was du wirklich bist, hilft dir, dich selbst zu achten und mit dir selbst im Einklang zu sein ... ... Du gehst also weiter, Schritt für Schritt, um deine Gefühle und damit dich selbst im Land der Träume zu befreien ... ... Heute fängst du damit an ... ... Du kommst zur Lichtung der Farben ... ... tief im Wald der Gedanken findest du diesen ruhigen und schönen Platz, der dich zum Verweilen einlädt ... ... Farben können dir im Land der Träume helfen, sie haben Botschaften für dich, und jede Farbe hat ihre eigene, ganz spezielle Aufgabe und Bestimmung ... ... Du entdeckst einen bequemen Platz ... ... einen weichen Sessel oder eine Hängematte ... ... oder eine Liege, auf der du bequem liegen kannst ... ... Du machst es dir so richtig bequem auf deinem Platz ... ... Eine gläserne Kuppel befindet sich wie ein Dach über dir ... ... eine Halbkugel, die in vielen Farben leuchten und strahlen kann ... ... Dann legt sich ein Schatten auf die Lichtung ... ... ein grauer Schatten ... ... Die Farbe Grau entsteht nicht durch den Mangel an Farben, sondern durch viele Farben, die sich überlagern ... ... so kannst du im Grau nicht mehr erkennen, welche Farben eigentlich da sind ... ... vielleicht sind bunte und fröhliche Farben mit drückenden und schweren Tönen gemischt ... ... Die Farbe Grau erinnert dich an die schwere Zeit in deinem Leben ... ... an den Schatten deiner Vergangenheit, der bis in die Gegenwart reicht ... ... Dann wirst du von weißem Licht umhüllt ... ... reines, weißes Licht umgibt dich und löst die grauen Töne auf ... ... Die Farbe Weiß sorgt für Reinheit und Klarheit im Land der Träume und damit auch in deinen Gedanken und in deinem Gefühl ... ... Das Weiß löst die grauen Töne auf und hilft dir, wann immer du dieser Farbe begegnest, die Schatten der Vergangenheit aufzulösen und dich zu befreien von ihrem Einfluss ... ... Als nächstes strahlt die Kuppel über dir goldgelb ... ... Sie umgibt dich mit strahlendem Licht, das dich einhüllt ... ... Die Farbe Goldgelb ist die Farbe des Lernens ... ... So viel hast du in deinem Leben schon gelernt, bist manchmal von den Lernaufgaben deines Lebens auch müde geworden ... ... Hier im Land der Träume hilft dir die Farbe Goldgelb bei einem inneren Lernprozess, für den du einfach nur da sein musst, das ist dann schon genug ... ... Alles Lernen, das dich von deinem Leiden befreien kann, geschieht tief in deinem Gefühl, im Land der Träume ... ... Das goldgelbe Licht dringt tief unter deine Haut und erfüllt deinen ganzen Körper mit Wärme … … Dann leuchtet die Kuppel hellblau … … Das hellblaue Licht erinnert dich daran, dass du vieles in deinem Leben loslassen musstest … … manches schmerzhaft und traurig, anderes mit dem Gefühl der Befreiung … … Die hellblaue Kraft hilft dir im Land der Träume, die Vergangenheit loszulassen … … Gedanken der Rache und Vergeltung loszulassen, wenn es solche Gedanken in dir geben sollte … … Sie halten dich auf und schaden dir … … Tief in dir weißt du, dass jedes Unrecht, das dir widerfahren ist, und jedes Leid, das du erlebt hast, Teil deiner Geschichte ist, die nicht mehr geändert werden kann … … Ändern und gestalten kannst du nur die Gegenwart und die Zukunft, die in genau diesem Augenblick beginnt … … Das Hellblau hilft dir beim Betrauern des Vergangenen … … Es hilft dir, deine Schmerzen zu beweinen und deine Traurigkeit so lange anzunehmen bis sie ihre Aufgabe erfüllt hat … … Die Farbe Hellblau hilft dir dabei, in deiner Gegenwart zu leben, denn nur das ist wirklich möglich … … Dann strahlt silbernes Licht, das die gläserne Kuppel ausleuchtet … … Silber ist die Farbe der Wahrheit … … vor allem der Wahrheit einer konstruktiven Zukunft … … Das Silber des Traumlandes zeigt dir, dass es auch für dich eine schöne und gute Zukunft gibt … … eine Zukunft, in der du befreit bist von Angst und tief in dir Selbstsicherheit spürst … … dir selbst all das vergeben kannst, was du dir vorwirfst … … was auch immer du erlebt oder getan hast … … Die Farbe Silber ist die Farbe deiner Hoffnung auf Freiheit und Leichtigkeit in deinem Leben … … Als nächste Farbe siehst du goldenes Licht, das dich umgibt … … das dich einhüllt wie ein schützender Mantel aus purem Gold … … Die Farbe Gold ist die wertvollste Farbe im Land der Träume, denn es ist die Farbe der tiefen und unzerstörbaren Kraft in dir … … Die Farbe der Lebenskraft, die dir mit deiner Geburt geschenkt wurde … … Die Farbe der Schöpfung, die auch in dir leuchtet … … Im Land der Träume findest du die Farbe Gold, um diese Schöpfungskraft tief in dir zu spüren und wieder für dich wirken zu lassen … … Schließlich umgibt dich die Farbe Rot … … Ein kräftiges, intensives Rot leuchtet die gesamte Lichtung aus … … Rot ist die Farbe der Liebe … … Sie erinnert dich im Land der Träume daran, dass du dich selbst wieder lieben darfst, so wie es einst war … … Mit der Fähigkeit und dem Willen zur Selbstliebe bist du geboren worden, doch vieles in deinem Leben ist geschehen, und vieles hat dazu beigetragen, dass du dich selbst nicht immer lieben konntest ... ... Vielleicht kannst du dich schon gar nicht mehr daran erinnern, dass es jemals anders war ... ... dass du dich selbst früher geliebt hast ... ... denn im Verlauf deines Lebens, in den Ereignissen und Erlebnissen deiner Vergangenheit, hast du angefangen an dir zu zweifeln, hast dich immer wieder verstellen müssen und dich schließlich selbst abgelehnt ... ... anfangs in bestimmten Situationen oder in einer bestimmten Umgebung ... ... bestimmten Menschen gegenüber ... ... Später ist es dann zur Routine geworden, bis du deinen eigenen Wert nicht mehr richtig erkennen konntest ... ... Oftmals hast du nicht einmal bemerkt, dass du dir selbst ohne Achtsamkeit und Respekt begegnet bist, dich selbst ausgebeutet hast ... ... Die Farbe Rot hilft dir, deinen Wert wieder zu finden und zu schätzen ... ...

*Emotionale Verankerung und Motivation.* Dann stehst du auf und gehst weiter und erreichst das Ende des Waldes ... ... Du gehst nach draußen, stehst auf einer Hochebene ... ... Von hier aus kannst du das gesamte Traumland überblicken ... ... Du siehst Berge und Täler, Flüsse und Seen, Wiesen und Wälder ... ... Dieses weite Land gehört dir, es wartet darauf, von dir entdeckt und erkundet zu werden ... ... Hier kannst du dich selbst und deinen Frieden finden ... ... Hier kannst du auch Achtsamkeit und Selbstliebe finden, Vertrauen und Mut ... ... heute schon ... ... oder an jedem anderen Tag deines Lebens ... ... Du verstehst jetzt, dass das Land der Träume ganz tief in dir drin ist ... ... Dort war es schon immer ... ... Ich erzähle dir nur davon ... ...

*[Schenke dir selbst Achtsamkeit und Respekt und würdige dein Bedürfnis nach Ruhe und Ausgeglichenheit. Erlaube dir also einfach, noch etwas in deinen Gedanken zu verweilen und in deinen Gefühlen zu treiben. Folge dem Gefühl deines Körpers, der dir zeigt, wie es dir innerlich geht, tief in deinen Emotionen. Lass deinen Atem fließen und spüre das Fließen deiner eigenen Kraft, die mit ihm ein- und ausströmt. Wie der Wind deines Atems kann deine Kraft nach außen wirken und immer wieder zu dir zurückkommen. Genieße diese Vorstellung und stell dich auf die Rückkehr in deinen wachen Alltag ein.]*

## Prüfungsangst
*Zweite Sitzung (Vergangenheitsbewältigung)*

*[Angst gehört zu den bedrohlichsten Gefühlen in uns, weil Angst immer auch etwas Unberechenbares hat. Du kennst die Prüfungsangst, die dich so stark lähmen konnte, dass das Bestehen der Prüfung in Gefahr kam. Dann wurde die Angst zum Selbsturteil. Du hast gedacht, zu schwach und zu schlecht zu sein, um die Prüfung/en zu bestehen. Du weißt, wie das ist, zu befürchten, dass du die nächste Prüfung nicht bestehen wirst, weil die Angst dich erneut und immer mehr lähmen könnte. Du lebst schon seit Langem in der Erwartung der nächsten lähmenden Angst. Dieses Warten und Bangen ist inzwischen vielleicht schon zum größeren Problem geworden, weil es dich schon beim Lernen lange vor der eigentlichen Prüfung behindert. Angst ist ein Gefühl, und oft hast du dich gefragt, wo sie wohl herkommt, hast vielleicht für dich mögliche Erklärungen oder scheinbare Ursachen gefunden. Doch es ist nicht einfach so, dass du irgendwann früher ganz schlimm Angst hattest oder einmal versagt hast und deswegen heute Prüfungsangst hast. Es ist anders. All das ist anders entstanden, doch viel wichtiger ist die Frage, wie es beendet werden kann, damit du wieder leichter leben kannst. Und genau das ist möglich. Wenn heute schon der richtige Augenblick dafür gekommen ist, wird heute schon alles anders.]*

*Ankommen im Land der Träume.* Du stellst dich auf eine innere Reise ein ... ... eine Reise in ein weit entferntes Land, das gleichzeitig ganz nah ist: das Land deiner Träume ... ... Fühle den Rhythmus deiner Atmung und folge ihm. Stell dir dabei vor, du könntest deinen Körper verlassen, um durch Raum und Zeit zu reisen, zu deiner eigenen Kreativität und Fantasie, zu deiner eigenen Schöpfungskraft ... ... Auf den Flügeln deiner Seele, getragen vom Wind deines Atems, verlässt du jetzt deine Gedanken und deinen Körper und gehst in das Land der Träume ... ... In diesem besonderen Land ist alles möglich, was du denken kannst, denn aus jedem einzelnen Gedanken kann Wahrheit werden, wenn die richtige Zeit dafür gekommen ist. Und wer weiß, vielleicht ist ja heute der richtige Zeitpunkt für eine neue Wahrheit in deinem Leben ... ...

*Distanzierung vom Bewussten.* Das Land der Träume sieht so aus, wie die schönste Naturlandschaft aussehen müsste, die du dir überhaupt vorstellen kannst ... ... Wahrscheinlich kann sich jeder Mensch eine wunderschöne Natur vorstellen, also kannst es auch du ... ... vielleicht hat dein Traumland ausgedehnte Wälder oder kahle Hügel ... ... möglicherweise ist es eine sehr grüne Landschaft mit Gras und Blättern an den Bäumen ... ... oder du magst lieber eine Landschaft mit Bergen und Tälern oder mit Tieren, die ganz natürlich leben ... ... Schau dich um und lass eine Landschaft deiner Träume entstehen ... ... Du hörst das Geräusch fließenden Wassers ... ... das Zwitschern der Vögel ... ... Du erblickst einen Wald und folgst dem Weg, der dort hinein führt ... ... Der Wald deiner Gedanken ... ...

*Bewusstseinsreinigung.* Du kommst zu einer Wand aus purem Licht ... ... weißes Licht, das funkelt und strahlt ... ... Du gehst ganz nah heran und berührst die Wand mit deinen Händen ... ... Du kannst durch sie hindurch greifen ... ... und deine Hände und Arme werden von dem weißen Licht erfasst, das wie ein warmer Windhauch durch deinen ganzen Körper fließt ... ... Du beobachtest, wie deine Arme und Schultern weiß strahlen ... ... auch dein Oberkörper beginnt zu leuchten, und auch deine Beine strahlen weißes Licht aus ... ... Schließlich wird auch dein Kopf von weißem Licht erfüllt ... ... und du gehst mit der Kraft des Lichtes durch die Wand hindurch wie durch eine offen stehende Tür ... ...

*Konfrontation und Klärung.* Du kommst auf der anderen Seite an und stehst vor einem alten Gebäude ... ... eine breite Treppe führt zur Tür und über der Tür hängt ein Schild, auf dem steht „Kino des einen Augenblicks" ... ... Dieses Kino trägt diesen besonderen Namen, weil es oftmals im Leben auf einen einzigen Augenblick ankommt und mehr noch ... ... weil es oftmals nur eines einzigen Augenblicks bedarf, um etwas Besonderes zu erkennen und zu verstehen ... ... Ein solcher Augenblick ist vielleicht gekommen ... ... Du gehst also über die breiten Stufen der Treppe zum Eingang ... ... Die Tür öffnet sich von alleine ... ... Du gehst hinein ... ... durchquerst den Eingangsbereich und betrittst den Kinosaal ... ... Du bist ganz alleine hier ... ... Es geht nur um dich im Kino des einen Augenblicks ... ... Du findest einen ganz bequemen

Platz in einem weichen Sessel ... ... Das Licht geht aus ... ... und während es dunkler wird, denkst du über die vergangenen Prüfungen nach ... ... über deine Prüfungsangst und darüber, welche Prüfungen du bereits durchgemacht hast ... ... in der Schule oder in Ausbildungen ... ... doch es gab auch Prüfungen des Lebens, die nicht in einem Prüfungsraum abliefen ... ... Situationen, in denen du beobachtet und beurteilt wurdest, ohne dass dir jemand gesagt hätte, dass das eine Prüfung ist ... ... Du versinkst in deinen Gedanken und die Leinwand ganz vorne leuchtet auf ... ... Dann siehst du Zahlen, die rückwärts laufen, so wie es früher bei den Filmvorführungen war ... ... in den ganz alten Kinos ... ... in einer vergangenen Zeit ... ... Du siehst die Zahlen ... ... neun ... ... acht ... ... sieben ... ... sechs ... ... fünf ... ... vier ... ... drei ... ... zwei ... ... eins ... ... Dann kommen die ersten Bilder in Schwarzweiß ... ... wie ein Film aus einer längst vergessenen Zeit ... ... Du siehst Bilder und Szenen aus deinem eigenen Leben ... ... Bilder aus Kindertagen vielleicht ... ... als du noch klein warst ... ... oder aus deiner Schulzeit, als du auch schon geprüft wurdest ... ... vielleicht war das damals noch gar nicht so schlimm ... ... oder du hast auch da schon Angst gehabt ... ... Du siehst diese Szenen deiner Erinnerung in Schwarzweiß, wie in einem Stummfilm ... ... wie in einem alten Film ... ... dann siehst du ganz besondere Bilder und Szenen ... ... ein besonderer Ausschnitt deines Lebens zeigt sich jetzt ganz von selbst ... ... ein Ausschnitt, der dir am besten zeigen kann, wie es zu dieser Unsicherheit und Angst in Prüfungssituationen gekommen ist ... ... vielleicht ist es eine Situation ... ... möglicherweise siehst du jetzt auch Personen oder eine besondere Person ... ... Sie kann dir zeigen, wie das entstanden ist ... ... was auch immer du sehen kannst oder was auch immer dir jetzt einfällt ... ... Es ist ein Hinweis für dich, ein Bild der Erinnerung aus vergangener Zeit ... ... Damals konnte es nicht anders gelingen ... ... Die Angst musste entstehen, weil du damals niemandem von deiner Angst erzählen konntest ... ... vielleicht war niemand da, der deine Angst hören konnte oder wollte ... ... oder du dachtest, du wärst im Unrecht, deine Angst dürfte nicht sein oder sie wäre etwas Falsches ... ... Damals konnte deine Angst nicht befreit werden ... ... Du hättest jemanden gebraucht, der dir den Weg aus der Angst gezeigt hätte ... ... Heute aber findest du den Weg aus der Angst ganz von selbst, indem du dir die vergangenen Bilder noch einmal anschaust ... ... Tief in dir lernst du dabei, heute Mut und Sicherheit zu fühlen, denn du bist inzwischen so groß und so stark geworden wie die erwachsene Person, die du damals gebraucht hättest, um dich an ihr festzuhalten ... ... Dein tiefes Inneres lernt, die Angst loszulassen und der Vergangenheit zu übergeben ... ... Du stehst auf und verlässt das Kino des einen Augenblicks, denn alles, was du hier erleben kannst, gehört der Vergangenheit an ... ... Dann hörst du das Geräusch fließenden Wassers und folgst ihm ... ...

*Schritt in die Gegenwart.* Du kommst zum Fluss des Lebens, hörst das Wasser fließen ... ... Du stehst am Ufer und schaust auf das klare Wasser des Flusses ... ... Dann gehst du am Ufer entlang und vor dir erscheint eine goldene Brücke ... ... Sie entsteht vor deinen Augen, streckt sich über den Fluss und funkelt im Sonnenlicht ... ... die Brücke der inneren Freiheit, die dich in die Gegenwart bringt ... ... in die einzige Zeit, die wirklich existiert ... ... Vergangenheit ist nur noch Erinnerung ... ... Du gehst auf die Brücke und schaust auf das Wasser, das unter ihr hindurch fließt ... ... Es glitzert silbern im Licht der Sonne und die goldene Brücke der Freiheit spiegelt sich darin ... ... Dann gehst du auf die andere Seite des Flusses und kommst im Augenblick der Gegenwart an ... ...

*Kreative Neuausrichtung.* Du stehst auf einer Blumenwiese und hörst immer noch das Geräusch fließenden Wassers ... ... Du entdeckst einen kleinen Bachlauf, der dir auf deinem Weg durch das Land der Träume folgt ... ... Du gehst ganz nah an den kleinen Bach heran und siehst das silbern glänzende, frische Wasser ... ... Es funkelt überall silbern, als wären tausend kleine Sterne im Wasser ... ... Du tauchst deine Hände in das frische Wasser und wäschst sie darin ... ... Du spürst diese reinigende Wirkung, die durch deinen ganzen Körper strömt ... ... Du gönnst dir selbst ein Bad mit den Füßen im Wasser und lässt deine Seele einfach baumeln ... ... Du vertraust auf die Kraft des Traumlandes und lässt diese Kraft einfach wirken ... ... und langsam entsteht das Gefühl neuen Mutes und tiefer Kraft in dir ... ...

*Selbstversöhnung.* Dann hörst du Kinderstimmen im Wind und schaust dich um ... ... Eine Gruppe spielender Kinder läuft an dir vorüber ... ...

Sie beachten dich nicht, doch eines davon ist etwas langsamer und läuft der Gruppe hinterher … … Dieses Kind läuft zu dir … … Du hast das Gefühl, dass du es kennst … … Dann fällt dir auf, dass dieses Kind genau so aussieht wie du als Kind ausgesehen hast … … Du bist es selbst … … im Land der Träume begegnest du dir selbst in einer anderen Zeit … … Das Kind begrüßt dich und umarmt dich, freut sich so, dass du endlich da bist, um es von seiner Angst zu befreien und damit auch dich selbst zu befreien … … Das Kind, dein inneres Kind, sagt dir, dass es weiter laufen muss, um mit den glücklichen Kindern den Horizont zu erreichen, denn dort beginnt deine Zukunft … … Dann läuft es los, so schnell es kann … … Es läuft schneller und schneller … … glücklich und frei … …

*Achtsamkeit und Selbsttreue.* Dann schließt du die Augen und spürst ganz tief in dich hinein … … Und tief in dir kommt alles in Ordnung … … Alles darf sein … … Jedes Gefühl ist erlaubt und jedes Gefühl ist wichtig … … Jeder Gedanke und jede Emotion findet den richtigen Platz in dir … … und jeder Gedanke und jedes Gefühl steht dir zur Verfügung … … lässt dich lernen und wachsen … … Du fühlst die tiefe Verbundenheit zu dir selbst … … Du hörst die Stimmen der glücklichen Kinder im Wind … … die Melodie der Befreiung und des Friedens … … Dann klingt dein eigenes Lachen durch das Land der Träume und geht in den Stimmen der glücklichen Kinder auf … … Dann machst du dir noch einmal klar, dass das Land der Träume ganz tief in dir drin ist … … Dort war es schon immer … … ich erzähle dir nur davon … …

*[Schenke dir selbst Achtsamkeit und Respekt und würdige dein Bedürfnis nach Ruhe und Ausgeglichenheit. Erlaube dir also einfach, noch etwas in deinen Gedanken zu verweilen und in deinen Gefühlen zu treiben. Folge dem Gefühl deines Körpers, der dir zeigt, wie es dir innerlich geht, tief in deinen Emotionen. Lass deinen Atem fließen und spüre das Fließen deiner eigenen Kraft, die mit ihm ein- und ausströmt. Wie der Wind deines Atems kann deine Kraft nach außen wirken und immer wieder zu dir zurückkommen. Genieße diese Vorstellung und stell dich auf die Rückkehr in deinen wachen Alltag ein.]*

# Prüfungsangst

*Dritte Sitzung (Loslassen der Schuldgefühle)*

*[Verantwortungsgefühle führen oft zu schlechtem Gewissen. Zwar sind wir für vieles verantwortlich, doch für vieles eben auch nicht. Und Verantwortung ist ja keine Schuld. Du hast dich für ganz viele Dinge in deinem Leben immer wieder verantwortlich gefühlt, hast geglaubt, dass du die Verantwortung für das Gelingen oder Funktionieren von Abläufen oder Personen hattest. Und wenn du dieser so großen Verantwortung nicht gerecht werden konntest oder zumindest dachtest, dass du sie nicht erfüllt hättest, dann hast du dich schuldig gefühlt. So konnte und kann dann Verantwortung zu Schuldgefühlen führen. Vielleicht wurde dir schon in deiner Kindheit viel abverlangt, von dir erwartet oder sogar gefordert, Verantwortung zu tragen, für Geschwister, für den Haushalt oder für eine andere Person. Vielleicht hast du auch gesehen, dass einiges aus dem Ruder lief und hast die Verantwortung dann selbst übernommen. Weil kein anderer sie tragen konnte oder wollte oder einfach niemand da war, der es hätte tun können. Doch selbst wenn du völlig freiwillig entschieden hättest, die so übergroße Verantwortung zu tragen, die dir damals normal vorkam, so hättest du keinen Fehler gemacht und wärest auch nicht selbst der Urheber des ganzen inneren Leidens. Denn zu viel Verantwortung zu übernehmen, und das hast du getan, hast zu lange zu viel Verantwortung getragen, geschieht eben nur, wenn du vorher schon erfahren hast, dass das in irgendeiner Art und Weise von dir zu erwarten wäre, dass es in Ordnung wäre, so viel Verantwortung zu tragen. Doch heute weißt du, dass du das gar nicht wirklich erfüllen konntest, jedenfalls nicht, ohne dabei Schaden zu nehmen, weil du und deine Gefühle dabei auf der Strecke bleiben mussten. Heute sollen die Schuldgefühle beendet werden. Ein für allemal.]*

*Ankommen im Land der Träume.* Du stellst dich auf eine innere Reise ein ... ... eine Reise in ein weit entferntes Land, das gleichzeitig ganz nah ist: das Land deiner Träume ... ... Fühle den Rhythmus deiner Atmung und folge ihm. Stell dir dabei vor, du könntest deinen Körper verlassen, um durch Raum und Zeit zu reisen, zu deiner eigenen Kreativität und Fantasie, zu deiner eigenen Schöpfungskraft ... ... Auf den Flügeln deiner

Seele, getragen vom Wind deines Atems, verlässt du jetzt deine Gedanken und deinen Körper und gehst in das Land der Träume ... ... In diesem besonderen Land ist alles möglich, was du denken kannst, denn aus jedem einzelnen Gedanken kann Wahrheit werden, wenn die richtige Zeit dafür gekommen ist. Und wer weiß, vielleicht ist ja heute der richtige Zeitpunkt für eine neue Wahrheit in deinem Leben ... ...

*Distanzierung vom Bewussten.* Du stehst auf einem breiten Weg im Land der Träume, der dich zum Wald deiner Gedanken führt ... ... Du siehst ihn vor dir und gehst langsam darauf zu ... ... Du spürst den warmen Wind auf deiner Haut und lässt deine Gedanken mit dem Wind durch das Traumland ziehen ... ... Heute erlaubst du dir Ruhe und Gelassenheit ... ... Du schlenderst einfach über den Weg, gehst gemütlich und ohne Eile ... ... Der Weg führt in den Wald und es wird langsam dunkler, doch deinen Weg kannst du gut erkennen ... ... Du gehst immer tiefer in den Wald und mit jedem Schritt kommst du mehr zur Ruhe ... ... mit jedem Schritt gehst du tiefer in die Welt deiner eigenen Gedanken und Gefühle ... ... in die Welt deiner Stimmungen und deiner Glaubenshaltungen ... ...

*Bewusstseinsreinigung.* Du kommst zu einer Wand aus purem Licht ... ... weißes Licht, das funkelt und strahlt ... ... Du gehst ganz nah heran und berührst die Wand mit deinen Händen ... ... Du kannst durch sie hindurch greifen ... ... und deine Hände und Arme werden von dem weißen Licht erfasst, das wie ein warmer Windhauch durch deinen ganzen Körper fließt ... ... Du beobachtest, wie deine Arme und Schultern weiß strahlen ... ... auch dein Oberkörper beginnt zu leuchten, und auch deine Beine strahlen weißes Licht aus ... ... Schließlich wird auch dein Kopf von weißem Licht erfüllt ... ... und du gehst mit der Kraft des Lichtes durch die Wand hindurch wie durch eine offen stehende Tür ... ...

*Konfrontation und Klärung.* Du stehst am Ufer eines Sees ... ... Das Wasser des Sees ist hellblau ... ... Die Oberfläche glitzert und glänzt im Licht der goldgelben Sonnenstrahlen, die ihn berühren ... ... Du entdeckst ein Boot am Ufer, ein hölzernes Ruderboot ... ... Mit festen, ruhigen Zügen ruderst du über den See ... ... Du kannst durch das Wasser hindurch blicken bis auf den Boden des Sees, ganz tief hinab ... ... Und auf dem Grund des hellblauen Sees siehst du etwas Zerbrochenes ... ... einen Gegenstand, der irgendwann in deinem Leben zerbrochen ist ... ... vielleicht Porzellan, weil du als Kind einen Teller oder eine Kaffeekanne hast fallen lassen ... ... oder eine Glasscheibe, die im Spiel zu Bruch gegangen ist ... ... Du erinnerst dich daran, hast vielleicht damals Ärger bekommen ... ... vielleicht ist auch nie rausgekommen, dass es dir passiert war ... ... dennoch hast du dich schlecht dabei gefühlt und ein schlechtes Gewissen gehabt ... ... Du ruderst weiter und schaust nach oben in den Himmel ... ... Dort siehst du in großen Buchstaben eine Nachricht für dich, eine Botschaft des Traumlandes ... ... Dort steht geschrieben: *Zer*brechen ist kein *Ver*brechen ... ... *Zer*brechen ist kein *Ver*brechen ... ... Doch so hast du es meist gesehen ... ... für zerbrochene Teller hast du dich schuldig gefühlt ... ... für zerbrochene Gefühle ... ... für zerbrochene Beziehungen ... ... selbst für das Zerbrechen deiner Seele hast du dich schuldig gefühlt und ein schlechtes Gewissen gehabt ... ... Stell dir jetzt einmal vor, wie es wäre, wenn du es genauso machen könntest wie der hellblaue See ... ... wenn du Scherben aufbewahren könntest, sie mit dir tragen könntest, doch gleichzeitig wieder zur Ruhe kommen könntest wie das Wasser des Sees ... ... Du nimmst dir also vor, mit dir selbst und mit den zerbrochenen Scherben in dir genau so umzugehen ... ... Scherben als Teil deiner Geschichte anzunehmen und deinen Frieden mit dir zu machen ... ... dein schlechtes Gewissen vielleicht zu zerschlagen wie einen alten Blumentopf, den du nicht mehr haben willst ... ... und die Scherben deines schlechten Gewissens im See zu versenken und dort ruhen zu lassen ... ... Dann entdeckst du im Boot eine graue Kugel aus Ton ... ... Du nimmst sie in beide Hände und betrachtest sie von allen Seiten ... ... Sie ist unglaublich schwer ... ... In dieser Kugel befindet sich dein schlechtes Gewissen, all deine Schuldgefühle ... ... und damit auch die Angst in Prüfungen ... ... Dann überlegst du dir, dass du jetzt damit anfangen kannst, dein schlechtes Gewissen zu zerschlagen und mit ihm deine Angst ... ... vielleicht heute nur im Land der Träume, doch Morgen vielleicht schon in deinem wachen Alltag ... ... Du nimmst das Ruder in beide Hände und zerschlägst diese schwere graue Kugel ... ... Sie zerspringt in hundert Stücke, und im Innern haben die Scherben die Farbe goldgelb ... ... Dann wirfst du die Scherben über

Bord, lässt sie ins Wasser gleiten und siehst dabei zu, wie sie bis ganz nach unten sinken, auf den Boden des Sees ... ... Dort dürfen sie als Andenken bleiben, denn sie gehören zu dir und deiner Geschichte ... ... Doch das Wasser des Sees wird sofort wieder ruhig ... ... Du ruderst weiter und beobachtest, wie sich das Wasser des Sees mit jedem Zug des Ruders von der Farbe Hellblau zu Goldgelb verwandelt ... ... Aus der Tiefe des Sees strahlt goldgelbes Licht ... ... Du erreichst das Ufer und steigst aus dem Boot ... ... Du gehst ohne Weg weiter, folgst einfach deinem Gefühl, das dir den Weg durch das Land der Träume zeigt ... ...

*Schritt in die Gegenwart.* Du kommst zum Fluss des Lebens, hörst das Wasser fließen ... ... Du stehst am Ufer und schaust auf das klare Wasser des Flusses ... ... Dann gehst du am Ufer entlang und vor dir erscheint eine goldene Brücke ... ... Sie entsteht vor deinen Augen, streckt sich über den Fluss und funkelt im Sonnenlicht ... ... die Brücke der inneren Freiheit, die dich in die Gegenwart bringt ... ... in die einzige Zeit, die wirklich existiert ... ... Vergangenheit ist nur noch Erinnerung ... ... Du gehst auf die Brücke und schaust auf das Wasser, das unter ihr hindurch fließt ... ... Es glitzert silbern im Licht der Sonne und die goldene Brücke der Freiheit spiegelt sich darin ... ... Dann gehst du auf die andere Seite des Flusses und kommst im Augenblick der Gegenwart an ... ...

*Kreative Neuausrichtung.* Du kommst zu einer Blumenwiese ... ... Mitten auf dieser Blumenwiese steht ein silberner Spiegel ... ... Du gehst ganz nah heran und schaust in den Spiegel ... ... Im Spiegel siehst du dich selbst in deinem Alltag, wie in einem Film, den du dir als Zuschauer ansehen kannst ... ... Du siehst dich selbst ohne Prüfungsangst und ohne schlechtes Gewissen und erkennst, wie entspannt und gleichzeitig zielstrebig du dich bewegst ... ... Du siehst Bilder, die dir zeigen, wie das aussieht, sobald auch in deinem wachen Alltag dein schlechtes Gewissen verschwunden ist ... ... weil du Frieden gemacht hast, Frieden mit dir selbst ... ... so wie heute am See ... ... So wird dein Gefühl jeden Tag sicherer, und du wirst gelassener ... ... Du siehst dich selbst im silbernen Spiegel als Person, die Prüfungen als Herausforderung betrachtet und sie bewältigt ... ... heute hier im Land der Träume und Morgen schon in deinem wachen Alltag ... ...

*Selbstversöhnung.* Dann hörst du Kinderstimmen im Wind und schaust dich um … … Die Gruppe der glücklichen Kinder läuft über die Blumenwiese … … Sie singen und tanzen und sind fröhlich … … und das Kind, das so aussieht wie du, läuft ganz vorne … … Es winkt dir zu und lächelt … … und läuft immer weiter, der Sonne entgegen … … Du lächelst liebevoll und winkst mit beiden Armen, deine Liebe begleitet das Kind, das zum hellblauen Horizont läuft … … Du freust dich, dass es so schnell der Zukunft entgegen läuft … … deiner Zukunft … … In deiner Hosentasche findest du noch eine kleine goldgelbe Scherbe der zerschlagenen Kugel des schlechten Gewissens … … Du legst sie sanft auf die Wiese und atmest tief aus … …

*Achtsamkeit und Selbsttreue.* Dann schließt du die Augen und spürst ganz tief in dich hinein … … Und tief in dir kommt alles in Ordnung … … Alles darf sein … … Jedes Gefühl ist erlaubt und jedes Gefühl ist wichtig … … Jeder Gedanke und jede Emotion findet den richtigen Platz in dir … … und jeder Gedanke und jedes Gefühl steht dir zur Verfügung … … lässt dich lernen und wachsen … … Du fühlst die tiefe Verbundenheit zu dir selbst … … Du hörst die Stimmen der glücklichen Kinder im Wind … … die Melodie der Befreiung und des Friedens … … Dann klingt dein eigenes Lachen durch das Land der Träume und geht in den Stimmen der glücklichen Kinder auf … … Dann machst du dir noch einmal klar, dass das Land der Träume ganz tief in dir drin ist … … Dort war es schon immer … … ich erzähle dir nur davon … …

*[Schenke dir selbst Achtsamkeit und Respekt und würdige dein Bedürfnis nach Ruhe und Ausgeglichenheit. Erlaube dir also einfach, noch etwas in deinen Gedanken zu verweilen und in deinen Gefühlen zu treiben. Folge dem Gefühl deines Körpers, der dir zeigt, wie es dir innerlich geht, tief in deinen Emotionen. Lass deinen Atem fließen und spüre das Fließen deiner eigenen Kraft, die mit ihm ein- und ausströmt. Wie der Wind deines Atems kann deine Kraft nach außen wirken und immer wieder zu dir zurückkommen. Genieße diese Vorstellung und stell dich auf die Rückkehr in deinen wachen Alltag ein.]*

## Prüfungsangst
*Vierte Sitzung (Verzicht auf Wiedergutmachung)*

*[Du warst schon viele Male im Land der Träume, hast hier bei mir immer wieder Reisen unternommen, auf denen ich dich geführt habe. Genau genommen habe ich dich nur begleitet, denn das Land der Träume ist für jeden Menschen anders. Jeder hat sein eigenes Land der Träume und so kannst immer nur du selbst es gewesen sein, der mich dorthin eingeladen hat. Das Land deiner Träume gehört nur dir. Ich habe es dir nur gezeigt, dir den bewussten Zugang ermöglicht. Vielleicht ist dir inzwischen längst aufgefallen, dass du schon vorher im Land der Träume warst, schon oft sogar, nur hast du es nicht richtig bemerkt oder du hast es anders genannt. Wenn wir zurück denken, auch dann, wenn wir uns sehr genau zu erinnern glauben oder Sachverhalte auch nachweislich genau wiedergeben können, dann mischt sich doch unsere Bewertung und Beurteilung des Vergangenen ein und verändert Bilder und Emotionen. Das ist nicht schlimm, wenn wir verstehen, dass das Vergangene beendet ist. Doch haben wir oft den Wunsch, es möge anders gewesen sein oder hoffen auf einen Ausgleich in der Gegenwart für das erlittene Unrecht oder Leiden in der Vergangenheit. Ob es diesen Ausgleich geben wird, liegt nicht in unserer Hand, doch etwas Wichtigeres kann getan werden, und das liegt in unserer Hand, also auch in deiner Hand für dein Leben. Und das ist das Verzichten auf Wiedergutmachung des Vergangenen, denn was vorbei ist, kann nicht wieder gutgemacht werden. Wir alle können niemals das verändern, was bereits gewesen ist. Darauf müssen wir also verzichten, auch wenn es schwer fällt. Das Land der Träume hilft uns dabei.]*

*Ankommen im Land der Träume.* Du stellst dich auf eine innere Reise ein ... ... eine Reise in ein weit entferntes Land, das gleichzeitig ganz nah ist: das Land deiner Träume ... ... Fühle den Rhythmus deiner Atmung und folge ihm. Stell dir dabei vor, du könntest deinen Körper verlassen, um durch Raum und Zeit zu reisen, zu deiner eigenen Kreativität und Fantasie, zu deiner eigenen Schöpfungskraft ... ... Auf den Flügeln deiner Seele, getragen vom Wind deines Atems, verlässt du jetzt deine Gedanken und deinen Körper und gehst in das Land der Träume ... ... In diesem besonderen Land ist alles möglich, was du denken kannst, denn aus jedem einzelnen Gedanken kann Wahrheit werden, wenn die richtige Zeit dafür gekommen ist. Und wer weiß, vielleicht ist ja heute der richtige Zeitpunkt für eine neue Wahrheit in deinem Leben ... ...

*Distanzierung vom Bewussten.* Du betrachtest das Land der Träume, das jedes Mal anders aussehen kann, wenn du es betrittst ... ... Vieles erkennst du vielleicht sofort wieder, weil es gleich geblieben ist ... ... andere Stellen oder Bereiche haben sich vielleicht verändert ... ... Falls das so ist, zeigt dir das nur, dass du selbst genau so bist ... ... Ein Teil von dir bleibt wie er ist und das ist auch gut so ... ... ein anderer Teil von dir entwickelt sich weiter und verändert sich damit ... ... Du erkennst diese Veränderung in den neuen Bildern des Traumlandes, die du entdecken kannst, wenn du das Land genau beobachtest ... ... Du findest den breiten Weg, der durch das Traumland führt ... ... Du folgst dem Weg und weißt, dass er dich zum Wald deiner Gedanken führen wird ... ... Du siehst den Wald vor dir ... ... Der Weg führt dich in den Wald ... ...

*Bewusstseinsreinigung.* Du kommst zu einer Wand aus purem Licht ... ... weißes Licht, das funkelt und strahlt ... ... Du gehst ganz nah heran und berührst die Wand mit deinen Händen ... ... Du kannst durch sie hindurch greifen ... ... und deine Hände und Arme werden von dem weißen Licht erfasst, das wie ein warmer Windhauch durch deinen ganzen Körper fließt ... ... Du beobachtest, wie deine Arme und Schultern weiß strahlen ... ... auch dein Oberkörper beginnt zu leuchten, und auch deine Beine strahlen weißes Licht aus ... ... Schließlich wird auch dein Kopf von weißem Licht erfüllt ... ... und du gehst mit der Kraft des Lichtes durch die Wand hindurch wie durch eine offen stehende Tür ... ...

*Konfrontation und Klärung.* Du erreichst den Platz der Klarheit ... ... Der Platz der Klarheit ist ein Ort, an dem du alle Gedanken und Stimmungen loslassen kannst ... ... alle Urteile und Meinungen ... ... Hier gibt es nur noch weißes Licht ... ... und vollkommene Klarheit ... ... Du stehst auf einem gläsernen Boden und bist vollkommen umgeben von weißem Licht ... ... Es strahlt eine angenehme Wärme aus ... ... Du kannst durch den Boden hindurch blicken ... ... Du siehst weißes Licht, das durch den gläsernen Boden strahlt ... ... Du gehst ein paar Schritte nach vorne, der Boden trägt dich sicher und stabil ... ... Du fühlst dich wohl und geborgen, beschützt und getragen von dem reinen Licht am Platz der Klarheit ... ... Vor dir erscheint eine gläserne Wand ... ... und an dieser Wand läuft Wasser herab ... ... Das Wasser ist so klar, dass du hindurch blicken kannst ... ... Du denkst darüber nach, dass vieles in deinem Leben passiert ist, was dir Angst gemacht hat ... ... dass du dich selbst befreit hast und immer noch und immer wieder befreist ... ... So bist du schon viel stärker geworden und hast einen großen Teil der Prüfungsangst losgelassen und neuen Mut gefunden ... ... Du kannst dich nun auch besser gegen verletzende Urteile schützen ... ... Vielleicht hast du den Wunsch in dir, mit einigen Menschen deinen Frieden zu machen ... ... andere willst du vielleicht auf Distanz halten, um ihrem Einfluss nicht mehr ausgesetzt zu sein oder dich besser abgrenzen zu können ......

...... Auf der anderen Seite der Wand siehst du die Menschen durch das Licht nach vorne treten, die in deinem Leben eine Rolle gespielt haben, die du so nicht mehr zulassen willst, ob sie noch leben oder bereits verstorben sind ... ... Du bist hier um deinen Frieden mit der Vergangenheit zu machen ... ... Frieden machen bedeutet, du lässt sie los und verzichtest darauf, dass sie das, was schief gelaufen ist oder das, was sie dir angetan haben, wieder gut machen ... ... Vielleicht könnten einige von Ihnen, wenn sie noch leben, ab sofort alles anders machen, wenn sie es wollten ... ... doch das können sie nur selbst entscheiden, und es wäre auch keine Wiedergutmachung, denn die ist nicht möglich ... ... Das Leid, das du einst erfahren hast, kann nicht mehr verhindert werden ... ... Es ist geschehen, du hast es so erlebt ... ... Es liegt einzig in deiner Entscheidung, ob oder wie du diese Menschen beurteilst, du musst niemandem verzeihen oder vergeben ... ... Du kannst es tun, wenn du willst, doch du musst es nicht ... ... Du bist hier, um dich selbst annehmen und lieben zu können, um deinen inneren Frieden zu finden ... ... also musst du gar nichts für andere erledigen ... ... Mach deinen Frieden einfach, indem du auf Rache und Vergeltung verzichtest, denn solange du danach strebst, hältst du diese Menschen fest und dein Leiden würde weiter gehen ... ... Entscheide, wer in deinem Leben noch Platz und Anteil haben darf ... ... Lass diese Menschen durch die Glaswand zu dir kommen ... ... Diejenigen, die sich von dir fern halten sollen, bleiben hinter dem Glas und können diese Grenze nicht überwinden ... ... Nur für die, denen du erlaubst, zu dir zu kommen, wird die Glaswand zum Vorhang aus Licht, für alle anderen bleibt sie eine undurchdringliche Grenze ... ... Die Personen, die hinter der Glaswand bleiben müssen, verschwimmen allmählich im weißen Licht als graue Schatten, die sich auflösen ... ... Du beobachtest das an der Glaswand herab fließende Wasser und erkennst auf der Wand einen Schriftzug in silbernen Buchstaben, der sich immer deutlicher zeigt ... ... Dort steht geschrieben: *Angst vergeht, Mut entsteht* ... ... Du lässt diesen Schriftzug ganz tief in dir wirken ... ... *Angst vergeht, Mut entsteht* ... ... Dann drehst du dich um und verlässt den Platz der Klarheit ... ... Du spürst wieder den Boden der Natur unter deinen Füßen ... ...

*Schritt in die Gegenwart.* Du kommst zum Fluss des Lebens, hörst das Wasser fließen ... ... Du stehst am Ufer und schaust auf das klare Wasser des Flusses ... ... Dann gehst du am Ufer entlang und vor dir erscheint eine goldene Brücke ... ... Sie entsteht vor deinen Augen, streckt sich über den Fluss und funkelt im Sonnenlicht ... ... die Brücke der inneren Freiheit, die dich in die Gegenwart bringt ... ... in die einzige Zeit, die wirklich existiert ... ... Vergangenheit ist nur noch Erinnerung ... ... Du gehst auf die Brücke und schaust auf das Wasser, das unter ihr hindurch fließt ... ... Es glitzert silbern im Licht der Sonne und die goldene Brücke der Freiheit spiegelt sich darin ... ... Dann gehst du auf die andere Seite des Flusses und kommst im Augenblick der Gegenwart an ... ...

*Kreative Neuausrichtung.* Du kommst zur Blumenwiese ... ... Du findest einen schönen Platz, um dich auszuruhen, um deinen inneren Frieden und den daraus entstehenden Mut deutlicher spüren zu können ... ... Du ruhst dich aus ... ... Dann denkst du darüber nach, welcher Mensch dir am besten dabei helfen kann, Ruhe zu finden, wenn die Angst doch noch einmal aufkommen sollte ... ... Die Person, die dir am schnellsten helfen kann, die Angst loszulassen, kommt zu dir und tröstet dich für alles Leid, das du einst erfahren hast ... ... Dieser liebe Mensch, wer auch immer es sein mag, hilft dir hier im Land der Träume, Angst loszulassen und Ruhe zu finden ... ... Dann überlegst du dir, wer dir am besten helfen kann, wenn es erforderlich wird, dich zu wehren oder abzugrenzen gegen Demütigung und Erniedrigung … … Dieser Mensch kommt nun zu dir, um dir beizustehen … … um dir zu helfen, dich selbst immer wieder als wertvoll zu sehen und dir zu helfen, dich selbst mit Achtsamkeit und Respekt zu sehen … … dich selbst zu lieben … …

*Selbstversöhnung.* Dann kommt eine Person zu dir, die dich so richtig lieben kann … … vielleicht gibt oder gab es einen Menschen in deinem Leben, der dich liebt oder einst geliebt hat … … vielleicht hattet ihr nur eine kurze aber intensive Zeit miteinander, doch die Liebe kannst du heute noch spüren … … Doch wenn es diesen Menschen nicht gibt oder gab, dann kommt dein inneres Kind zu dir und hält dich fest, denn das Kind in dir wird dich immer lieben … … So erfährst du Trost und Liebe im Land der Träume … …

*Achtsamkeit und Selbsttreue.* Dann schließt du die Augen und spürst ganz tief in dich hinein … … Und tief in dir kommt alles in Ordnung … … Alles darf sein … … Jedes Gefühl ist erlaubt und jedes Gefühl ist wichtig … … Jeder Gedanke und jede Emotion findet den richtigen Platz in dir … … und jeder Gedanke und jedes Gefühl steht dir zur Verfügung … … lässt dich lernen und wachsen … … Du fühlst die tiefe Verbundenheit zu dir selbst … … Du hörst die Stimmen der glücklichen Kinder im Wind … … die Melodie der Befreiung und des Friedens … … Dann klingt dein eigenes Lachen durch das Land der Träume und geht in den Stimmen der glücklichen Kinder auf … … Dann machst du dir noch einmal klar, dass das Land der Träume ganz tief in dir drin ist … … Dort war es schon immer … … ich erzähle dir nur davon … …

*[Schenke dir selbst Achtsamkeit und Respekt und würdige dein Bedürfnis nach Ruhe und Ausgeglichenheit. Erlaube dir also einfach, noch etwas in deinen Gedanken zu verweilen und in deinen Gefühlen zu treiben. Folge dem Gefühl deines Körpers, der dir zeigt, wie es dir innerlich geht, tief in deinen Emotionen. Lass deinen Atem fließen und spüre das Fließen deiner eigenen Kraft, die mit ihm ein- und ausströmt. Wie der Wind deines Atems kann deine Kraft nach außen wirken und immer wieder zu dir zurückkommen. Genieße diese Vorstellung und stell dich auf die Rückkehr in deinen wachen Alltag ein.]*

# Prüfungsangst

*Fünfte Sitzung (Abschlussritual)*

*[Angst kann gehen, sie kann uns verlassen so wie sie uns auch erreichen konnte. Du hast bereits Veränderungen deiner Angst erfahren, kannst besser damit umgehen und sie immer wieder loslassen. Du weißt, dass die Angst entstehen konnte, weil früher so vieles von deinen eigentlichen Bedürfnissen auf der Strecke blieb. Dann haben sich im Lauf der Jahre so viele Anforderungen in dir angesammelt, dass es einfach zu viel wurde, so viel, dass die Angst entstand, all das nicht mehr erfüllen zu können. Das ist anders geworden und es kann noch besser werden, sobald es dir gelingt, nicht nur mit Respekt sondern auch mit echter Zuneigung dir selbst zu begegnen, mit Selbstliebe, die wir im Land der Träume auch die Liebe von dir für dich nennen. Deine heutige Reise soll dir dabei helfen, den Rest der Prüfungsangst nun auch noch loszulassen. Darüber hinaus aber, und das ist vielleicht sogar noch wichtiger, soll dir die heutige Reise helfen, dich selbst immer wieder anzunehmen, zu mögen und auch zu lieben. Du weißt, im Land der Träume ist alles möglich. Und alles, was hier möglich ist, ist auch in deinem wachen Alltag möglich. An jedem Tag deines Lebens, an jedem einzelnen Tag.]*

*Ankommen im Land der Träume.* Du stellst dich auf eine innere Reise ein ...
... eine Reise in ein weit entferntes Land, das gleichzeitig ganz nah ist: das Land deiner Träume ... ... Fühle den Rhythmus deiner Atmung und folge ihm. Stell dir dabei vor, du könntest deinen Körper verlassen, um durch Raum und Zeit zu reisen, zu deiner eigenen Kreativität und Fantasie, zu deiner eigenen Schöpfungskraft ... ... Auf den Flügeln deiner Seele, getragen vom Wind deines Atems, verlässt du jetzt deine Gedanken und deinen Körper und gehst in das Land der Träume ... ... In diesem besonderen Land ist alles möglich, was du denken kannst, denn aus jedem einzelnen Gedanken kann Wahrheit werden, wenn die richtige Zeit dafür gekommen ist. Und wer weiß, vielleicht ist ja heute der richtige Zeitpunkt für eine neue Wahrheit in deinem Leben ... ...

*Distanzierung vom Bewussten.* Du machst dich auf den Weg in das Tal des goldenen Lichtes ... ... Das goldene Licht ist die größte Kraft tief in dir

… … deine Lebenskraft, aus der alles Heilsame entsteht … … Dazu gehst du über vier große Ebenen in das Tal … … Auf der oberen Ebene kommst du zur ersten Station deines Mutweges. Du stehst vor einem Fenster, dass dir einen Blick in vergangene Prüfungssituationen erlaubt … … Von diesem Fenster aus kannst du sehen, wie das in den Prüfungen war … … Du siehst auch andere Menschen, die in deinem Leben eine Rolle spielen oder gespielt haben … … Du siehst sie alle als graue Gestalten und auch dich selbst, weil du in der Vergangenheit gar nicht wusstest, warum das so gelaufen war … … Du gehst weiter und erreichst eine tiefere Ebene … … Dort gehst du durch einen Wald mit hohen alten Bäumen … … der Wald deiner Gedanken … … Du siehst überall zwischen den alten Bäumen auch ganz junge Bäume, ganz kleine noch, die gerade erst entstehen, so wie in dir jeden Tag neue Gedanken und neue Ideen entstehen … … Doch heute beschäftigst du dich nicht mit deinen Gedanken, du kannst heute etwas viel Wichtigeres finden … … Du kommst auf einer noch tieferen Ebene zur Straße der Skulpturen … … Du siehst hier Skulpturen, die so aussehen wie du … … Sie zeigen dir, wie sich dein Körper und damit auch deine Emotionen einst angefühlt haben und auch jetzt anfühlen … … Signale deines tiefen Inneren, die du vielleicht nicht immer bemerkt oder verstanden hast … …

*Bewusstseinsreinigung.* Du kommst zu einer Wand aus purem Licht … … weißes Licht, das funkelt und strahlt … … Du gehst ganz nah heran und berührst die Wand mit deinen Händen … … Du kannst durch sie hindurch greifen … … und deine Hände und Arme werden von dem weißen Licht erfasst, das wie ein warmer Windhauch durch deinen ganzen Körper fließt … … Du beobachtest, wie deine Arme und Schultern weiß strahlen … … auch dein Oberkörper beginnt zu leuchten, und auch deine Beine strahlen weißes Licht aus … … Schließlich wird auch dein Kopf von weißem Licht erfüllt … … und du gehst mit der Kraft des Lichtes durch die Wand hindurch wie durch eine offen stehende Tür … …

*Konfrontation und Klärung.* Du kommst zu einer besonderen Skulptur, die so aussieht wie du … … Sie zeigt dir, wie du dich jetzt bei dem Gedanken an Prüfungen fühlst, in genau diesem Augenblick … … vielleicht steht oder liegt die Skulptur in einer ganz bequemen Haltung, weil es dir heute bei der Vorstellung einer Prüfung gut geht … … vielleicht zeigt sie dir aber auch eine Stelle deines Körpers, die sich unbequem anfühlt oder irgendwie anders … … vielleicht ein Druckgefühl oder ein Kribbeln oder ein mulmiges Gefühl im Magen, weil du die Erinnerung an die Prüfungsangst noch in deinem Körper hast und dir noch nicht ganz sicher bist, ob du sie auch wirklich überwunden hast … … Vielleicht steckt dir die alte Angst noch in den Knochen … … Du gehst ganz nah an die Skulptur heran und legst deine Hand auf genau diese Stelle … … Dann atmest du tief ein und aus und die Skulptur zerfällt vor deinen Augen zu Staub … … Es bleibt nur eine kleine graue Kugel zurück … … eine graue Kugel, die einen Rest deiner Unsicherheit enthält, vielleicht auch die Angst, dass die überwundene Prüfungsangst zurück kommen könnte oder dass dein neuer Weg des Mutes verloren gehen könnte … … Du nimmst diese kleine graue Kugel des Zögerns und Zweifelns in die Hand und trägst sie mit dir … … Doch du gehst noch tiefer und kommst auf die Ebene der Gefühle … … Dort stehen ganz viele große Bilderrahmen, die dir dein eigenes Gesicht zeigen … … auf manchen Bildern siehst du ängstlich aus … … auf anderen wütend … … oder verzweifelt … … wieder andere zeigen ein fröhliches Bild von dir … … Für jedes Gefühl, dass es in dir gibt und gab, steht ein Bild dort … … Und im Vorbeigehen siehst du, dass hinter den meisten Bildern noch ein anderes wartet, ein Bild das dein wahres Gefühl zeigt … … Vielleicht steht hinter dem Bild der Wut ein Bild der Angst … … vielleicht hinter dem Bild der Prüfungsangst ein Bild der Kränkung … … oder ein anderes, das nur du kennst … … Du läufst so schnell du kannst über die Ebene der Gefühle und wirfst alle sichtbaren Bilder um, damit die Bilder dahinter befreit wird … … damit deine wahren Gefühl frei werden … … ohne Urteil … … ohne dich zu verstellen und ohne Angst haben zu müssen, dafür abgelehnt zu werden … … Dann kommst du in ein dunkles Tal, so dunkel, dass du kaum etwas erkennen kannst, nur Schatten … … Du hörst sprudelndes Wasser, ein Klang, den du schon immer im Land der Träume gehört hast … … Immer wenn du im Land der Träume bist, hörst du dieses sprudelnde Wasser im Hintergrund, manchmal leise, manchmal deutlicher … … Du entdeckst in der Dunkelheit eine Quelle, aus der goldenes Wasser fließt … … Du gehst zur Quelle … … Du stehst am tiefsten Punkt des Traumlandes … … ganz unten im Tal … … Das goldene Wasser sprudelt aus der Erde und fließt durch das Tal, das im goldenen Glanz zum Leben erwacht … … Goldenes Licht strahlt plötzlich aus der Quelle und leuchtet das gesamte Tal aus … … Du siehst plötzlich blühende Felder und Bäume mit reifen Früchten … … Das schönste Tal, das du je gesehen hast, und alles glitzert golden … … Dann nimmst du die graue Kugel, die du bei dir trägst, und nimmst dir vor, alle Zweifel und Furcht nun für immer loszulassen … … Du kniest dich hin und tauchst die graue Kugel mit beiden Händen in die goldene Quelle und hältst sie solange, bis sie sich im goldenen Licht ganz auflöst … … Du spürst, wie die graue Kugel in der goldenen Quelle zerfällt … … Dann wäschst du deine Hände in der Quelle und stehst auf … … Du gehst weiter durch das Tal … …

*Schritt in die Gegenwart.* Du kommst zum Fluss des Lebens, hörst das Wasser fließen … … Du stehst am Ufer und schaust auf das klare Wasser des Flusses … … Dann gehst du am Ufer entlang und vor dir erscheint eine goldene Brücke … … Sie entsteht vor deinen Augen, streckt sich über den Fluss und funkelt im Sonnenlicht … … die Brücke der inneren Freiheit, die dich in die Gegenwart bringt … … in die einzige Zeit, die wirklich existiert … … Vergangenheit ist nur noch Erinnerung … … Du gehst auf die Brücke und schaust auf das Wasser, das unter ihr hindurch fließt … … Es glitzert silbern im Licht der Sonne und die goldene Brücke der Freiheit spiegelt sich darin … … Dann gehst du auf die andere Seite des Flusses und kommst im Augenblick der Gegenwart an … …

*Kreative Neuausrichtung.* Du läufst über die Ebenen, die dich ins Tal des goldenen Lichtes geführt haben, so schnell du kannst nach oben … … Auf der Ebene der Gefühle siehst du neue Bilder stehen, die deine wahren Gefühle zeigen … … Auf der Straße der Skulpturen steht eine neue goldene Skulptur, die dich in deiner stärksten und mutigsten Verfassung zeigt … … Der Wald deiner Gedanken ist von goldenem Licht durchflutet, und überall entstehen neue kreative Gedanken, die sich als kleine Triebe zeigen, denen du beim Wachsen zusehen kannst … … und auf der oberen Ebene schaust du noch einmal aus dem Fenster, das Prüfungen in neuen bunten Farben zeigt … … Du siehst dich selbst in Eintracht und Liebe mit dir selbst … …

*Selbstversöhnung.* Dann läufst du zur Wiese der glücklichen Kinder, um dein inneres Kind zu treffen … … Es läuft dir entgegen, denn es hat schon auf dich gewartet … … Du schließt das Kind, das du selbst bist, ganz fest in deine Arme, und gemeinsam lauft ihr so schnell ihr könnt zum Horizont, der Zukunft entgegen … … deiner Zukunft entgegen … … einer Zukunft von Achtsamkeit und Selbstliebe, Mut und Selbstsicherheit … … Am Horizont triffst du die Gruppe der glücklichen Kinder … … Nun ist es an der Zeit, dein inneres Kind loszulassen und deinen eigenen Weg zu gehen … … den Weg der Gegenwart … … den Weg in die Zukunft … … Das Kind, das dich begleitet, läuft weiter, begleitet von deiner Liebe und deinem Mut … … es erreicht die glücklichen Kinder und läuft mit ihnen zum goldenen Licht der Sonne … …

*Achtsamkeit und Selbsttreue.* Dann schließt du die Augen und spürst ganz tief in dich hinein … … Und tief in dir kommt alles in Ordnung … … Alles darf sein … … Jedes Gefühl ist erlaubt und jedes Gefühl ist wichtig … … Jeder Gedanke und jede Emotion findet den richtigen Platz in dir … … und jeder Gedanke und jedes Gefühl steht dir zur Verfügung … … lässt dich lernen und wachsen … … Du fühlst die tiefe Verbundenheit zu dir selbst … … Du hörst die Stimmen der glücklichen Kinder im Wind … … die Melodie der Befreiung und des Friedens … … Dann klingt dein eigenes Lachen durch das Land der Träume und geht in den Stimmen der glücklichen Kinder auf … … Dann machst du dir noch einmal klar, dass das Land der Träume ganz tief in dir drin ist … … Dort war es schon immer … … ich erzähle dir nur davon … …

*[Schenke dir selbst Achtsamkeit und Respekt und würdige dein Bedürfnis nach Ruhe und Ausgeglichenheit. Erlaube dir also einfach, noch etwas in deinen Gedanken zu verweilen und in deinen Gefühlen zu treiben. Folge dem Gefühl deines Körpers, der dir zeigt, wie es dir innerlich geht, tief in deinen Emotionen. Lass deinen Atem fließen und spüre das Fließen deiner eigenen Kraft, die mit ihm ein- und ausströmt. Wie der Wind deines Atems kann deine Kraft nach außen wirken und immer wieder zu dir zurückkommen. Genieße diese Vorstellung und stell dich auf die Rückkehr in deinen wachen Alltag ein.]*

## Kontrollzwang

*Erste Sitzung (Grundversion)*

*[Zwänge bestimmen dein Leben. Du kennst dieses Bedürfnis zu kontrollieren. Vielleicht kontrollierst du immer wieder, ob der Herd ausgeschaltet ist oder ob das Bügeleisen ausgesteckt ist, ob der Kühlschrank oder die Haustür richtig verschlossen ist. Wahrscheinlich kontrollierst du jede Menge Dinge und Angelegenheiten. Du spürst diesen Drang, den du dir nicht erklären kannst und den du nicht als sinnhaft erlebst. Doch du hast dieses unbehagliche Gefühl, wenn du versuchst, diesem Zwang zu widerstehen. Du hast es versucht, immer und immer wieder. Doch dann entsteht Angst, also gibst du dem Zwang nach. Ich möchte dich dazu einladen, einen anderen Weg zu versuchen, das Land der Träume kennen zu lernen. Dieses Land, das tief in dir liegt, in deiner Fantasie und in deinem Gefühl, erzählt dir eine andere Geschichte. Es erzählt dir deine Geschichte, die eine Geschichte von verlorenen Gefühlen ist. Einst kam es so, dass deine eigenen Gefühle nicht sein durften, dass du gezwungen wurdest, Gefühle zu zeigen, die du eigentlich nicht hattest und deine eigenen Gefühle zu verstecken. Das Land der Träume kann dir aber auch zeigen, wie du genau diese wiederfinden kannst, deine eigenen Gefühle und Stimmungen. Deine wahren Gefühle würden dich niemals zu irgendetwas zwingen. Das tun nur Gefühle, die wir gelernt haben, doch das sind nicht unsere eigenen Emotionen.]*

*Ankommen im Land der Träume.* Ich lade dich zu einer besonderen Reise ein … … eine Reise durch deine Gedanken und Gefühle … … irgendwo in deiner Fantasie … … Doch Fantasie und Wirklichkeit sind nur einen Wimpernschlag voneinander entfernt … … nur einen einzigen Atemzug … … und jede Fantasie kann Wahrheit werden, wenn du es so willst … … Du stellst dich also darauf ein, ganz tief in deiner Fantasie und Kreativität eine neue Wahrheit in deinem Leben zu finden … … in einem Land, in dem alles möglich ist, was du dir erdenken und erträumen kannst … … in einem Land ganz tief in deinem Gefühl … … im Land der Träume, das es in jedem Menschen gibt … … mit nur einem Atemzug gelangst du dorthin … … Es ist soweit … … Du gehst in das Land der Träume … …

*Der heilsame Weg.* Das Land der Träume ist ein besonderer Ort ganz tief in dir drin ... ... in deinen Gefühlen ... ... Im Land deiner Träume kannst du alles in Ordnung bringen, was dich stört und belastet ... ... alles, worunter du gelitten hast oder leidest, kann sich hier in inneren Frieden kehren ... ... und genau danach suchst du ja schon lange ... ... nach deinem inneren Frieden, befreit von allen Zwängen ... ... Du stehst auf einer riesigen Hochebene mit Blumenfeldern ... ... soweit dein Auge reicht, siehst du Blumenfelder und abseits der Felder liegen dunkle Täler ... ... Du gehst auf die Blumenfelder zu ... ... Zuerst durchquerst du ein Feld mit grauem Geröll, mit brüchigen grauen Steinen ... ... Die Farbe Grau erinnert dich im Land der Träume daran, dass du viel Schlimmes und Leidvolles erlebt hast ... ... So viele Ereignisse und Erlebnisse deines Lebens sind wie diese grauen Steine ... ... vor allem die Situationen, in denen du zu etwas gezwungen wurdest und Angst hattest, sind in deiner Erinnerung und in ihrer Wirkung wie dieses Geröll, das ständig unter deinen Füßen ist und deinen Weg prägt ... ... So wurde dein Lebensweg zu einem steinigen Weg, denn auch heute, lange Zeit nach der Angst und dem Zwang der Kinderzeit, kennst du das Gefühl der Angst, das du durch Kontrolle versuchst zu beherrschen ... ... Auch heute noch wird jeder Schritt deines Lebens zu einem Schritt durch die Trümmer der Vergangenheit ... ... Du siehst die Blumenfelder und damit auch die Schönheit der Natur und des Lebens, doch stehst eben immer noch mit den Beinen in brüchigen Erinnerungen an Vergangenes ... ... Doch Schritt für Schritt gehst du weiter, mit dem Ziel, die Blumenfelder wirklich zu erreichen und neuen Boden unter den Füßen zu haben ... ... Die Farbe Grau zeigt dir im Land der Träume immer, dass es Erinnerungen gibt, die dich belasten, dass es Schatten der Vergangenheit gibt ... ... Schatten aus der Zeit als Angst und Gezwungensein für dich Alltag war ... ... Diese Schatten reichen und wirken bis heute, doch du kannst sie auflösen ... ... Dann erreichst du ein Feld mit weißen Margeriten ... ... Der Boden in dem Feld ist samtweich ... ... Weiß ist die Farbe der Reinheit und Klarheit, der Reinigung ... ... Wo das Weiß ist, kann Grau nicht mehr existieren, die Farbe Weiß löst die grauen Schatten der Vergangenheit auf und beseitigt das alte Geröll ... ... Die weißen Margeriten zeigen dir, dass es die Hoffnung auf Befreiung von den alten Lasten im Land der Träume tatsächlich gibt ... ... Du gehst durch das Feld mit den weißen Margeriten und hörst wie die Blüten es dir zuflüstern … … Sie sagen: Alles wird anders im Land der Träume … … alles wird anders … … Dann kommst du zu einem Feld mit goldgelben Sonnenblumen … … Du gehst durch das Feld und hast das Gefühl, dass du in einem Prozess der Erneuerung und des Lernens angekommen bist … … Die Farbe Goldgelb ist im Land der Träume die Farbe des Lernens und Verstehens und des Erkennens … … und du erkennst, dass es an der Zeit ist, alte Gedankenpfade zu verlassen, um dich selbst zu befreien … … Die goldgelben Sonnenblumen helfen dir dabei … … Sie flüstern dir zu: Du bist stärker als du denkst, du hast mehr gelernt als dir bewusst geworden ist … … Du kannst erkennen und verstehen und frei werden … … Dann erreichst du das hellblaue Feld der Vergissmeinnicht … … Die Farbe Hellblau ist die Farbe des liebevollen Annehmens und des Loslassens und Verzichtens … … indem du deine Lebensgeschichte annehmen kannst und sie so akzeptieren kannst wie sie nun mal war, befreist du dich selbst noch mehr, denn du verzichtest damit auf den Wunsch, die Vergangenheit ändern zu wollen … … ein menschlicher Wunsch, vielleicht auch ein schöner Traum … … Doch ändern kannst du das bereits Erlebte nicht mehr … … Die hellblauen Vergissmeinnicht helfen dir also beim Akzeptieren und beim Loslassens, vor allem auch beim Loslassen deines schlechten Gewissens und deiner stillen Schuldgefühle … … Du hast früher gedacht, du hättest etwas Falsches oder Böses getan und deswegen wäre dir Zwang und Gewalt angetan worden … … Du hast die Schuld bei dir gesucht, weil niemand die Verantwortung für die Zwänge, die dir auferlegt wurden, tragen wollte … … weil niemand da war, der dir gesagt hätte, dass du unschuldig warst … … niemand, dem du vertrauen konntest … … niemand, der dich beschützt hätte oder niemand, der dich beschützen konnte … … oder wollte … … Du hörst die hellblauen Blüten, die zu dir sprechen … … Sie flüstern dir ins Ohr: *Zer*brechen ist kein *Ver*brechen … … *Zer*brechen ist kein *Ver*brechen … … Manches in deinem Leben ist zerbrochen … … im Äußeren … … aber auch in deinem Inneren … … in deinem Vertrauen … … in deiner Seele … … Doch alles kann anders werden … … denn auch wenn du die Vergangenheit nicht mehr ändern kannst, so kannst du doch die Gegenwart ändern … … Gerade im Annehmen der eigenen Lebensgeschichte und im Loslassen des schlechten Gewissens, das niemals dein eigenes Gefühl war sondern nur entstehen konnte, weil niemand für dich da war, liegt auch die Möglichkeit der Befreiung und des Neuanfangs …… Du erreichst ein Feld mit silbernen Blumen …… deine Lieblingsblumen blühen hier mit silbernen Blütenblättern …… Diese besonderen Blüten gibt es nur im Land der Träume …… Sie zeigen dir, dass gerade das Besondere hier möglich ist …… dass du hier im Land der Träume Ziel erreichen kannst und wirst, die du selbst nicht für möglich gehalten hast …

… Die silbernen Blumen flüstern dir zu: Vertraue auf deine Kraft und alles wird neu …… Deine Geschichte soll nicht umsonst gewesen sein …… es kann und wird Gutes daraus entstehen …… und das Gute, das aus deiner Lebensgeschichte erwächst, ist deine Kraft und Stärke, die dir ab heute ein ungezwungenes und freies Leben ermöglicht …… in innerem Frieden …… Frieden mit dir selbst …… Dann kommst du zu einem Feld mit roten Rosen …… Verliebte Menschen schenken sich rote Rosen als Zeichen der Liebe …… Hier im Land der Träume geht es vor allem um Selbstliebe …… Es geht darum, dass du dich selbst gut finden kannst …… dass du dich selbst annehmen und akzeptieren kannst …… dass du dich selbst schließlich lieben kannst, so wie du bist …… genau so wie du bist …… Du gehst durch das Feld der roten Rosen und berührst mit deinen Händen die zarten Blütenblätter …… dann hörst du wie sie es dir zuflüstern …… Sie flüstern: Liebe dich selbst wie du bist …… Liebe dich selbst, so wie du bist …… Dann läufst du immer schneller durch das Feld der roten Rosen …… Die Farbe Rot zeigt dir hier und überall im Land der Träume, dass es auf deine Selbstliebe ankommt …… Liebe von dir für dich …… Liebe von dir für dich …… und in der Mitte des Feldes findest du eine Quelle, aus der goldenes Wasser sprudelt …… Die schönste Quelle, die du jemals gesehen hast … … Goldenes Wasser sprudelt aus dieser Quelle und fließt zwischen den Rosen hindurch …… Die Farbe Gold ist die wertvollste Farbe …… Die goldene Quelle bringt reine Lebenskraft hervor …… Gold ist die Farbe der ursprünglichen Kraft tief in dir …… die Farbe deiner Lebenskraft, die du hier im Land der Träume finden kannst …… Sie liegt in der Schöpfung der Natur …… Sie liegt in dir selbst …… die größte Kraft, die dir zur Verfügung steht …… Du findest sie heute und an jedem Tag deines Lebens tief in dir ……

Du kommst zum Rand des Feldes und erreichst eine schöne Blumenwiese ... ... Du gehst durch das weiche Gras und überall stehen wilde Blumen ... ... Alle nur erdenklichen Farben kannst du hier sehen ... ... Sie zeigen dir die Vielfalt und Schönheit der Welt tief in dir ... ...

*Emotionale Verankerung und Motivation.* Das Land der Träume ist ein Land tief in dir selbst ... ... Es steht dir immer offen, du kannst jederzeit hier sein ... ... denn im Land der Träume fühlst du wieder, was du wirklich fühlst ... ... Hier denkst du wieder, was du wirklich denkst ... ... Hier erkennst du wieder, wer du wirklich bist ... ... Die Zeit der aufgezwungenen Gefühle und Gedanken ist vorbei ... ... Du kennst jetzt das Land der Träume und kannst seine besondere Geschichte erleben ... ... Die Geschichte davon, dass du früher keine Möglichkeit hattest, deine eigenen Gefühle zu erzählen ... ... Diese Geschichte ist auch deine Geschichte ... ... die Geschichte deiner Angst und deiner Schuldgefühle ... ... Im Land der Träume wird sie dann auch zu dem Weg deiner Befreiung und zu deiner inneren Heilung ... ... Du machst dir also noch einmal klar, dass das Land der Träume ganz tief in dir drin ist ... ... Dort war es schon immer ... ... Ich erzähle dir nur davon ... ...

*[Schenke dir selbst Achtsamkeit und Respekt und würdige dein Bedürfnis nach Ruhe und Ausgeglichenheit. Erlaube dir also einfach, noch etwas in deinen Gedanken zu verweilen und in deinen Gefühlen zu treiben. Folge dem Gefühl deines Körpers, der dir zeigt, wie es dir innerlich geht, tief in deinen Emotionen. Lass deinen Atem fließen und spüre das Fließen deiner eigenen Kraft, die mit ihm ein- und ausströmt. Wie der Wind deines Atems kann deine Kraft nach außen wirken und immer wieder zu dir zurückkommen. Genieße diese Vorstellung und stell dich auf die Rückkehr in deinen wachen Alltag ein.]*

# Kontrollzwang

*Zweite Sitzung (Vergangenheitsbewältigung)*

*[Die Geschichte des Traumlandes hast du schon kennen gelernt. Es ist die Geschichte deines Lebens, das von Zwängen geprägt war. Vor allem von dem Zwang, andere Gefühle haben zu sollen als du tatsächlich in dir spüren konntest. Deine Gefühle waren nicht erwünscht. So hast du gelernt, andere Gefühle vorzutäuschen und so zu tun als würdest du das empfinden, was am ehesten von dir erwartet wurde und wird. Du hast dich gezwungen, anders zu sein als du es warst und bist. Die Angst hat dich getrieben. Die Angst, abgelehnt und bestraft zu werden vielleicht. Oder die Angst, ohne Liebe sein zu müssen, wenn du deine wahren Gefühle zeigen würdest. Schon lange fragst du dich, ob es einen Ausweg gibt, ob nicht alles anders sein kann. Du schaust in die Vergangenheit, um zu verstehen, wie die tiefe Angst entstehen konnte und wie der Kontrollzwang. Vielleicht weißt du ja, dass dein Unterbewusstsein mit dem Zwang versucht Ordnung herzustellen, Ordnung und Kontrolle über die Angst. Das Kontrollieren hilft dir dabei, die Angst zu unterdrücken. Doch das Kontrollieren lässt dich leiden. Das Land der Träume zeigt dir auch heute einen anderen Weg, der dir vorkommen mag wie ein ganz neuer. Doch der Weg des Traumlandes ist nicht neu, er war immer schon in dir. Heute findest du ihn nur, entdeckst ihn neu. ]*

*Ankommen im Land der Träume.* Ich lade dich zu einer besonderen Reise ein … … eine Reise durch deine Gedanken und Gefühle … … irgendwo in deiner Fantasie … … Doch Fantasie und Wirklichkeit sind nur einen Wimpernschlag voneinander entfernt … … nur einen einzigen Atemzug … … und jede Fantasie kann Wahrheit werden, wenn du es so willst … … Du stellst dich also darauf ein, ganz tief in deiner Fantasie und Kreativität eine neue Wahrheit in deinem Leben zu finden … … in einem Land, in dem alles möglich ist, was du dir erdenken und erträumen kannst … … in einem Land ganz tief in deinem Gefühl … … im Land der Träume, das es in jedem Menschen gibt … … mit nur einem Atemzug gelangst du dorthin … … Es ist soweit … … Du gehst in das Land der Träume … …

*Distanzierung vom Bewussten.* Du stehst auf einem breiten Weg in einem Wald und hörst die Klänge der Natur … … das Plätschern von Wasser und Vögel, die zwitschern … … und mit jedem Schritt, den du gehst, versinkst du tiefer in deinen eigenen Gedanken … … verlierst dich allmählich in den Bildern der Natur und lässt die Farben auf dich wirken … … Gedanken werden bedeutungslos und du lässt dich immer mehr von deinem Gefühl leiten … … Also verlässt du den breiten Weg und gehst einfach zwischen den Bäumen hindurch … … auf dem weichen Waldboden gehst du wie auf einem Teppich … … Das Geräusch des Wassers wird deutlicher und du entdeckst einen Fluss, der durch den Wald führt … … Du gehst flussaufwärts … …

*Bewusstseinsreinigung.* Du schaust nach oben in den Himmel und siehst eine dichte Wolkendecke, die den Himmel grau färbt … … Dann öffnet sich ein Spalt in den Wolken … … und aus dem Spalt strahlt ein heller und wunderschöner weißer Lichtstrahl zur Erde … … Ein Kegel aus weißem Licht, der sich langsam ausdehnt … … Du gehst auf den weißen Lichtkegel zu … … Du stehst vor dem Lichtkegel und streckst deine Hände in das weiße Licht, das über deine Arme in deinen ganzen Körper fließt … … Dann gehst du mit einem großen Schritt in den Lichtkegel und lässt das weiße Licht ganz und gar durch deinen Körper fließen … … Dein Körper leuchtet weiß … … Deine Gedanken zerfließen im weißen Licht, lösen sich einfach auf und du fühlst dich frei … … Mit einem kräftigen Schritt gehst du aus dem Lichtkegel heraus … …

*Konfrontation und Klärung.* Du stehst in einem breiten Tal, das von dem Licht der Sonne durchflutet wird … … Du hörst die Klänge der Natur, Wasser und das Zwitschern der Vögel, die dich einladen, dieses Tal zu erkunden … … und je weiter du durch das Tal gehst, mit jedem Schritt, den du machst, wird das Tal breiter und weiter … … und wird zur weiten, offenen Landschaft, die du gut überblicken kannst … … Du kommst zu einem Sonnenblumenfeld … … Die kräftigen Blüten der Sonnenblumen leuchten goldgelb … … Du gehst durch das Feld mit den Sonnenblumen … … gehst einfach zwischen den goldgelben Sonnenblumen hindurch … … und denkst über das ständige Kontrollieren nach … … darüber, dass du immer wieder versuchst, die Kontrolle zu halten, obwohl du weißt, dass sie nicht erforderlich wäre ... ... Die Sonnenblumen sind so groß, dass die Blüten auf Höhe deines Kopfes sind ... ... In diesem Feld mit den großen Blumen ist es, als wärst du ganz klein ... ... Dann entdeckst du eine Lichtung zwischen den Sonnenblumen, auf der eine riesige Seifenblase liegt ... ... Sie ist so groß, dass ein ganzes Haus hineinpassen würde ... ... Du greifst mit den Händen durch die Wände der Seifenblase und schlüpfst schließlich ganz hinein ... ... Im Inneren stehst du plötzlich in einer anderen Zeit ... ... in der Zeit deiner Kindheit ... ... Du bist als Besucher hier und kannst dir alles in Ruhe ansehen ... ... Du bist in vollkommener Sicherheit ... ... Im Land der Träume kann nur das geschehen, was du zulässt ... ... Du schaust dir noch einmal an, wie das damals war ... ... siehst Bilder und Szenen der Unsicherheit und Angst ... ... Damals konntest du die Lage nicht kontrollieren, so sehr du es dir auch gewünscht hast ... ... Du siehst die Personen, die damals mit dir zusammen gelebt haben oder die du täglich getroffen hast ... ... Damals hättest du jemanden gebraucht, der dir geholfen hätte ... ... jemanden, der dir gesagt hätte, dass er dich liebt und dass du unschuldig bist ... ... jemanden, der die Kontrolle übernommen hätte um dich zu schützen ... ... Doch es kam anders ... ... So hast du diese tiefe Angst entwickelt ... ... und mehr noch, du hast angefangen, dir selbst nicht mehr zu trauen ... ... deine Gefühle anzuzweifeln ... ... zu denken, dass du es bist, der zu viele Fehler macht ... ... Heute weißt du, dass das ein Irrtum war ... ... Du weißt, dass du eben unschuldig warst und bist ... ... Du hast damals schon den Drang nach Kontrolle entwickelt, die irgendwann zum Selbstläufer geworden ist, den du nicht mehr stoppen konntest ... ... Heute aber ist etwas vollkommen anderes möglich ... ... Heute lernt dein tiefes Inneres, wie du dir selbst wieder vertrauen kannst und dich selbst beschützen kannst ... ... damit du dich wieder um dich selbst kümmern kannst und deinen tatsächlichen Gefühlen, deinen wahren Gefühlen folgen kannst ... ... Damals musstest du Angst lernen, die zum Kontrollzwang geworden ist ... ... Kontrollzwang zum Beherrschen der Angst ... ... Heute lernst du von den gleichen Bildern und Ereignissen, loszulassen und zu vertrauen ... ... Heute ist es möglich und es geschieht ganz von selbst ... ... Du musst dich nicht bemühen oder anstrengen ... ... Du vertraust auf das Land der Träume, das für dich alles wieder in Ordnung bringt ... ... Du gehst aus der Seifenblase der Erinnerung wieder nach draußen und stehst zwischen den goldgelben Sonnenblumen … … Du gehst weiter, durchquerst dieses Feld Schritt für Schritt und lässt dich nur von deinem Gefühl leiten, das dir den Weg immer zeigen kann … … Du drehst dich noch einmal um und siehst, dass die Seifenblase zerplatzt … … Vergangenheit ist vergangen … … Sie ist vorbei und du hast alles gelernt, was du dort lernen konntest … … Du kommst zum Rand des Feldes … …

*Schritt in die Gegenwart.* Du denkst darüber nach, dass es jetzt an der Zeit ist, deine innere Freiheit zu finden und ganz im Augenblick der Gegenwart zu leben … … Vergangenes loszulassen und bei dir selbst anzukommen, um in deiner Gegenwart dein Leben zu gestalten und alle Hindernisse zu überwinden … … Und mit diesem Gedanken zeigt sich vor deinen Augen das goldene Tor der inneren Freiheit, das sich für dich jetzt öffnet, in genau diesem Augenblick … … Und mit einem großen Schritt gehst du durch das goldene Tor der inneren Freiheit und kommst im Augenblick der Gegenwart an … …

*Kreative Neuausrichtung.* Es wird langsam dunkel und du findest einen schönen Platz in der Natur, an dem du dich zum Schlafen hinlegen kannst … … eine schöne bequeme Hängematte mit einer Wolldecke … … Du legst dich in die Hängematte und schaust in den Nachthimmel … … Der Mond leuchtet silbern … … und im silbernen Mondlicht schläfst du ein und fängst an zu träumen … … Du träumst einen schönen Traum davon, wie schön es sein wird, sobald du auch in deinem wachen Alltag die Vergangenheit ganz losgelassen hast und befreit von Angst ganz zwanglos deinen Weg gehst … … Du genießt deinen Traum, denn Träume können Wahrheit werden, wenn die richtige Zeit dazu gekommen ist … … und wer weiß, vielleicht ist der richtige Zeitpunkt ja heute schon … … oder morgen … … oder an jedem Tag deines Lebens ein weiteres Stück … …

*Selbstversöhnung.* Im goldgelben Licht der aufgehenden Sonne siehst du die Silhouette eines Kindes auf dich zukommen … … Es scheint als käme es direkt aus der Sonne zu dir … … Es tritt ganz nah an dich heran und schaut dich überrascht an … … es scheint sich zu wundern und auch zu freuen, dass du hier bist ... ... Dann erkennst du in den Augen des Kindes den Glanz deiner eigenen Augen ... ... in dem Lächeln des Kindes dein eigenes Lächeln ... ... Dann erkennst du, dass dieses Kind im Land der Träume genau so aussieht wie du als Kind ausgesehen hast ... ... Es ist dein inneres Kind, mit all seiner Not, doch auch mit seiner Hoffnung und Zuversicht ... ... Du nimmst dieses Kind ganz fest in die Arme und schenkst ihm all deine Zuwendung und Liebe ... ... Dann siehst du ganz viele Kinder aus der aufgehenden Sonne kommen und auf dich zu laufen ... ... Es sind die glücklichen Kinder, die befreiten und erlösten Kinderseelen, die hier sind, um dein inneres Kind zum Horizont zu begleiten, denn dort beginnt deine Zukunft ... ... Das Kind verabschiedet sich vorn dir und läuft mit den glücklichen Kindern zum Horizont ... ... Deine Liebe begleitet das innere Kind ... ...

*Achtsamkeit und Selbsttreue.* Dann gehst du über die Blumenwiese und kommst zu einem Apfelbaum ... ... An dem Baum hängen leuchtend rote Äpfel ... ... Du pflückst den größten Apfel, den du finden kannst und beißt hinein ... ... Er schmeckt süß und saftig ... ... Du machst es dir unter dem Baum bequem ... ... eine rote Wolldecke lädt dich zum Ausruhen ein ... ... Du legst dich auf die Decke und isst den roten Apfel und mit jedem Bissen wird es wärmer in dir ... ... Du schließt die Augen und fängst an zu träumen ... ... Du träumst von Frieden und Freiheit tief in dir und von den glücklichen Kindern, die mit Körben voller roter Äpfel zum Horizont laufen ... ... und in deinem Traum läufst du mit ihnen ... ... Dann fällt dir ein, dass das Land der Träume ganz tief in dir drin ist ... ... Dort war es schon immer ... ... Ich erzähle dir nur davon ... ...

*[Schenke dir selbst Achtsamkeit und Respekt und würdige dein Bedürfnis nach Ruhe und Ausgeglichenheit. Erlaube dir also einfach, noch etwas in deinen Gedanken zu verweilen und in deinen Gefühlen zu treiben. Folge dem Gefühl deines Körpers, der dir zeigt, wie es dir innerlich geht, tief in deinen Emotionen. Lass deinen Atem fließen und spüre das Fließen deiner eigenen Kraft, die mit ihm ein- und ausströmt. Wie der Wind deines Atems kann deine Kraft nach außen wirken und immer wieder zu dir zurückkommen. Genieße diese Vorstellung und stell dich auf die Rückkehr in deinen wachen Alltag ein.]*

## Kontrollzwang
*Dritte Sitzung (Loslassen der Schuldgefühle)*

*[Du hast schon oft in deinem Leben ein schlechtes Gewissen gehabt, Schuldgefühle, die die belasten. Du fühlst dich auch schuldig dafür, dass du diese Zwänge hast und dein Leben nicht mehr voll im Griff hast. Du überlegst dir, was du falsch gemacht haben könntest, warum dir das so passiert ist. Über diese Fragen nachzudenken ist menschlich. Gleichzeitig kommt es darauf an, zu erkennen, dass das schlechte Gewissen nicht nur in tatsächlichen Versäumnissen entstanden ist, falls es die überhaupt wirklich gibt oder gab, sondern schon sehr früh geboren wurde. Schon als Kind hast du gelernt, viel Verantwortung zu tragen, hast dich zuständig und verantwortlich für die Empfindungen anderer Menschen gefühlt. Das hat dann dazu geführt, dass du deine eigenen Gefühle zurück gestellt hast, damit es anderen gut gehen kann. Deine eigenen Sorgen, deine Angst und deine so wichtigen Empfindungen hast du nicht mehr mitgeteilt. Vielleicht war niemand mehr da, der sie hören konnte oder wollte. Also hast du vieles mit dir selbst ausgemacht. Gerade so als wärest immer du oder nur du alleine dafür verantwortlich, wie es anderen geht. Es ist nun an der Zeit, diese alten Schuldgefühle loszulassen, so gut es heute schon geht. Es ist nicht dein wahres Gefühl, das du da spürst, sondern eines, das du schon früh gelernt hast zu empfinden.]*

*Ankommen im Land der Träume.* Ich lade dich zu einer besonderen Reise ein … … eine Reise durch deine Gedanken und Gefühle … … irgendwo in deiner Fantasie … … Doch Fantasie und Wirklichkeit sind nur einen Wimpernschlag voneinander entfernt … … nur einen einzigen Atemzug … … und jede Fantasie kann Wahrheit werden, wenn du es so willst … … Du stellst dich also darauf ein, ganz tief in deiner Fantasie und Kreativität eine neue Wahrheit in deinem Leben zu finden … … in einem Land, in dem alles möglich ist, was du dir erdenken und erträumen kannst … … in einem Land ganz tief in deinem Gefühl … … im Land der Träume, das es in jedem Menschen gibt … … mit nur einem Atemzug gelangst du dorthin … … Es ist soweit … … Du gehst in das Land der Träume … …

*Distanzierung vom Bewussten.* Du stehst hoch oben auf einem Berg und schaust über das Land, siehst Berge und Täler, Flüsse und Seen und alles ist ruhig ... ... Du genießt den Klang der Natur, den du im Plätschern des Wassers und im Singen der Vögel hörst ... ... Du beobachtest die kleinen weißen Wolken am hellblauen Himmel und lässt deine Gedanken mit ihnen in die Ferne ziehen ... ... Jetzt ist gar nichts wichtig, jetzt darfst du einfach einmal ausruhen und entspannen ... ... Deine Gedanken ziehen einfach weiter und du spürst die Ruhe des Traumlandes tief in dir und wirst genau so ruhig ... ...

*Bewusstseinsreinigung.* Du schaust nach oben in den Himmel und siehst eine dichte Wolkendecke, die den Himmel grau färbt ... ... Dann öffnet sich ein Spalt in den Wolken ... ... und aus dem Spalt strahlt ein heller und wunderschöner weißer Lichtstrahl zur Erde ... ... Ein Kegel aus weißem Licht, der sich langsam ausdehnt ... ... Du gehst auf den weißen Lichtkegel zu ... ... Du stehst vor dem Lichtkegel und streckst deine Hände in das weiße Licht, das über deine Arme in deinen ganzen Körper fließt ... ... Dann gehst du mit einem großen Schritt in den Lichtkegel und lässt das weiße Licht ganz und gar durch deinen Körper fließen ... ... Dein Körper leuchtet weiß ... ... Deine Gedanken zerfließen im weißen Licht, lösen sich einfach auf und du fühlst dich frei ... ... Mit einem kräftigen Schritt gehst du aus dem Lichtkegel heraus ... ...

*Konfrontation und Klärung.* Du stehst am Eingang einer Höhle ... ... Du gehst in die Höhle, weil du das Gefühl hast, dass du hier dein schlechtes Gewissen und all die versteckten Schuldgefühle finden und auflösen kannst ... ... Dann hörst du Kinderstimmen leise flüstern ... ... Sie sagen „Du bist auf dem rechten Weg" ... ... „Geh zwanglos in die Höhle hinein" ... ... und in der Dunkelheit der Höhle siehst du kleine weiße Gestalten ... ... Kindergestalten mit weißen, leuchtenden Mänteln ... ... Die Gruppe der glücklichen Kinder ist bei dir ... ... Die kleinen Kinderhände strecken sich dir entgegen und schenken dir eine weiße Kerze ... ... Das Licht der Kerze leuchtet in einem reinem Weiß und strahlt eine angenehme Wärme aus ... ... Du nimmst die Kerze und die Kinder verschwinden in der Dunkelheit ... ... Du trägst die brennende Kerze mit dir und mit jedem Schritt, den du tiefer in die Höhle gehst, wird das weiße Leuchten der Kerze heller … … Du kannst die grauen Wände der Höhle erkennen … … Sie färben sich weiß in dem Licht der Kerze … … Du erreichst schließlich einen großen Raum in der Höhle … … Das Licht der Kerze ist so hell geworden, dass der gesamte Raum von weißem Licht durchflutet wird … … Von der Decke der Höhle tropft Wasser … … Ein paar Wassertropfen fallen dir ins Gesicht … … Sie schmecken salzig wie Tränen … … ungeweinte Tränen, die hier in der Tiefe auf dich gewartet haben … … Du denkst an all das Gezwungene in deinem Leben, an das Gefühl des Gefangenseins … … an deine Angst und an das leidvolle Kontrollieren … … und auch daran, dass du eben immer dachtest, dass du etwas Falsches oder etwas Böses getan haben musstest, wodurch dann der Zwang entstanden wäre … … Dann entdeckst du in der Mitte des Raumes eine große graue Kugel … … Sie sieht aus wie eine steinerne Kugel, die tief in dieser Höhle liegt … … Du berührst die Kugel mit einer Hand und spürst die alten Schuldgefühle … … Sie stecken in dieser grauen Kugel … … dein ganzes schlechte Gewissen, die Schuldgefühle, die niemals deine eigenen waren … … Du spürst, dass das Gefühl der Schuld in dieser Kugel ist … … Doch du entdeckst ein Loch in dieser Kugel, durch das du hineingreifen kannst … … Du streckst eine Hand hindurch und spürst dabei die alten Schuldgefühle noch intensiver … … Es fühlt sich so an wie damals … … Doch heute beendest du diese alte Schuld, die niemals real war … … Du nimmst die Kerze und stellst sie durch das Loch ins Innere der grauen Kugel und gehst einen Schritt zurück, um die Kugel genau zu betrachten … … Die weiße Kerze wird noch heller und strahlt durch die Wände der Kugel … … Die ganze Kugel färbt sich weiß und strahlt wie eine helle Lampe nach allen Seiten … … Die Höhle wird vollkommen ausgeleuchtet mit weißem Licht … … und im gleichen Augenblick atmest du die alten Schuldgefühle aus … … Sie lösen sich in dem weißen Licht auf … … Du entdeckst einen Ausgang der Höhle und gehst darauf zu … … Die Kerze lässt du als ewiges Licht in der Kugel leuchten, die zur Kugel des reinen Gewissens wird … … Du gehst zwanglos aus der Höhle … …

*Schritt in die Gegenwart.* Du denkst darüber nach, dass es jetzt an der Zeit ist, deine innere Freiheit zu finden und ganz im Augenblick der Gegenwart zu leben … … Vergangenes loszulassen und bei dir selbst anzukommen, um in deiner Gegenwart dein Leben zu gestalten und alle Hindernisse zu überwinden … … Und mit diesem Gedanken zeigt sich vor deinen Augen das goldene Tor der inneren Freiheit, das sich für dich jetzt öffnet, in genau diesem Augenblick … … Und mit einem großen Schritt gehst du durch das goldene Tor der inneren Freiheit und kommst im Augenblick der Gegenwart an … …

*Kreative Neuausrichtung.* Du stehst plötzlich auf einem frisch gepflügten Feld … … Du gehst Schritt für Schritt und plötzlich wachsen kleine Triebe aus dem Boden … … Wunderschöne Pflanzen wachsen aus dem Boden des Feldes … … Du kannst ihnen beim Wachsen zusehen … … Dann entdeckst du plötzlich auf dem Feld eine kleine weiße Kugel … … eine Kugel deines reinen Gewissens … … die Kugel des freien Gefühls und der Zwanglosigkeit … … Und auch diese Kugel wächst wie eine Pflanze vor deinen Augen … … Sie wird immer größer … … mit jedem Atemzug wird die weiße Kugel der Befreiung größer … … und du fühlst dich befreit von dem schlechten Gewissen, befreit von allen Zwängen … … Die weiße Kugel wird noch größer werden … … an jedem Tag deines weiteren Lebens größer … … Dann kommst du zu einer Blumenwiese und erblickst einen Apfelbaum… …

*Selbstversöhnung.* Du wirst müde von den Anstrengungen der vielen schweren Jahre und des langen Leidens und der Erinnerung und legst dich auf die Blumenwiese … … Du schaust in den Sonnenuntergang, der den Himmel dunkelrot färbt und aus der Sonne kommt dein inneres Kind zu dir … … Es trägt einen Korb mit Blüten … … Tausend Blüten von roten Rosen … … Das Kind legt dir die zarten Blüten wie eine Decke unter den Baum, damit du weich und sanft liegen kannst … … Auch du hast ein Geschenk für das Kind … … Du schenkst ihm deine Achtsamkeit und deinen Respekt … … Du schenkst dem Kind in dir deine Liebe … … Du spürst auch die Liebe des Kindes, die deine Selbstliebe ist … … Liebe von dir für dich … … Liebe von dir für dich … … Das Kind verabschiedet sich und läuft weiter … …

*Achtsamkeit und Selbsttreue.* Dann gehst du über die Blumenwiese und kommst zu einem Apfelbaum … … An dem Baum hängen leuchtend rote

Äpfel … … Du pflückst den größten Apfel, den du finden kannst und beißt hinein … … Er schmeckt süß und saftig … … Du machst es dir unter dem Baum bequem … … eine rote Wolldecke lädt dich zum Ausruhen ein … … Du legst dich auf die Decke und isst den roten Apfel und mit jedem Bissen wird es wärmer in dir … … Du schließt die Augen und fängst an zu träumen … … Du träumst von Frieden und Freiheit tief in dir und von den glücklichen Kindern, die mit Körben voller roter Äpfel zum Horizont laufen … … und in deinem Traum läufst du mit ihnen … … Dann fällt dir ein, dass das Land der Träume ganz tief in dir drin ist … … Dort war es schon immer … … Ich erzähle dir nur davon … …

[*Schenke dir selbst Achtsamkeit und Respekt und würdige dein Bedürfnis nach Ruhe und Ausgeglichenheit. Erlaube dir also einfach, noch etwas in deinen Gedanken zu verweilen und in deinen Gefühlen zu treiben. Folge dem Gefühl deines Körpers, der dir zeigt, wie es dir innerlich geht, tief in deinen Emotionen. Lass deinen Atem fließen und spüre das Fließen deiner eigenen Kraft, die mit ihm ein- und ausströmt. Wie der Wind deines Atems kann deine Kraft nach außen wirken und immer wieder zu dir zurückkommen. Genieße diese Vorstellung und stell dich auf die Rückkehr in deinen wachen Alltag ein.*]

# Kontrollzwang

*Vierte Sitzung (Verzicht auf Wiedergutmachung)*

*[Wir stellen uns oft vor, wie unser Leben wäre, wenn alles anders gelaufen wäre, wenn wir andere Menschen und andere Bedingungen um uns gehabt hätten. Wir denken darüber nach, was wir versäumt haben, was wir erlitten haben und wünschen uns Veränderung. Genau genommen wünschen wir uns dann Veränderung der Vergangenheit. Doch das ist nicht möglich. Wir haben nur diese eine Lebensgeschichte und müssen mit ihr leben. Und je mehr wir an dem Wunsch nach Veränderung der Vergangenheit leben, umso mehr entstehen Gefühle von Zorn und Wünsche nach Vergeltung und Rache. Doch keine Vergeltung und keine Rache könnten unsere Lebensgeschichte ungeschehen machen. Nichts würde die Vergangenheit ändern. Wiedergutmachung kann es nicht geben, denn das bereits geschehene wird nicht mehr gut, wird nicht anders als es war. Vielleicht denkst du auch, du müsstest alles verzeihen, was dir angetan wurde. Doch das Land der Träume kennt diese Aufforderung nicht. Loslassen von Vergeltungswünschen und Rachegedanken und damit Verzicht auf Wiedergutmachung des Vergangenen kann dich befreien, denn im Loslassen kannst du in die Gegenwart gehen, in die einzige Zeit, die es wirklich gibt. Verzeihen musst du nichts und niemandem. Du darfst dich von Menschen befreien, die dir nicht gut tun. Du darfst dich von ihnen verabschieden. ]*

*Ankommen im Land der Träume.* Ich lade dich zu einer besonderen Reise ein … … eine Reise durch deine Gedanken und Gefühle … … irgendwo in deiner Fantasie … … Doch Fantasie und Wirklichkeit sind nur einen Wimpernschlag voneinander entfernt … … nur einen einzigen Atemzug … … und jede Fantasie kann Wahrheit werden, wenn du es so willst … … Du stellst dich also darauf ein, ganz tief in deiner Fantasie und Kreativität eine neue Wahrheit in deinem Leben zu finden … … in einem Land, in dem alles möglich ist, was du dir erdenken und erträumen kannst … … in einem Land ganz tief in deinem Gefühl … … im Land der Träume, das es in jedem Menschen gibt … … mit nur einem Atemzug gelangst du dorthin … … Es ist soweit … … Du gehst in das Land der Träume … …

*Distanzierung vom Bewussten.* Du hörst Wasser fließen und weißt, dass es der Fluss des Lebens ist, den du hören kannst ... ... Der Fluss des Lebens fließt immer im und durch das Land der Träume ... ... Du gehst dem Geräusch nach und kommst zum Ufer des Flusses ... ... Du gehst am Ufer entlang und schaust auf das klare und reine Wasser ... ... Bis auf den Boden des Flusses kannst du blicken, so sauber und rein ist das Wasser ... ... und mit deinem Blick in die Tiefe gehen auch deine Gedanken in die Tiefe ... ... gehst du selbst in die Tiefe der Entspannung und versinkst in deinem Gefühl ... ... Hellblaue Blütenblätter schwimmen auf dem Wasser, erst einige, dann immer mehr ... ... und auch die Blütenblätter sinken langsam in die Tiefe des Wassers ... ... Du schaust ihnen nach und gehst Schritt für Schritt am Ufer entlang ... ...

*Bewusstseinsreinigung.* Du schaust nach oben in den Himmel und siehst eine dichte Wolkendecke, die den Himmel grau färbt ... ... Dann öffnet sich ein Spalt in den Wolken ... ... und aus dem Spalt strahlt ein heller und wunderschöner weißer Lichtstrahl zur Erde ... ... Ein Kegel aus weißem Licht, der sich langsam ausdehnt ... ... Du gehst auf den weißen Lichtkegel zu ... ... Du stehst vor dem Lichtkegel und streckst deine Hände in das weiße Licht, das über deine Arme in deinen ganzen Körper fließt ... ... Dann gehst du mit einem großen Schritt in den Lichtkegel und lässt das weiße Licht ganz und gar durch deinen Körper fließen ... ... Dein Körper leuchtet weiß ... ... Deine Gedanken zerfließen im weißen Licht, lösen sich einfach auf und du fühlst dich frei ... ... Mit einem kräftigen Schritt gehst du aus dem Lichtkegel heraus ... ...

*Konfrontation und Klärung.* Du stehst noch immer am Fluss des Lebens, dein Weg führt dich am Ufer entlang ... ... Du stehst ganz nah an einem Wasserfall ... ... Du siehst große Steine im Fluss, die einen Weg vom Ufer zum Wasserfall bilden ... ... Du gehst über die Steine im Fluss zum Ufer und das fällt dir ganz leicht ... ... Heute fühlst du dich ungezwungen und frei ... ... Du hast das Gefühl, dass du dich hier gut auskennst und eine innere Stimme sagt dir, dass du unter dem Wasserfall hindurch gehen kannst ... ... Vielleicht erscheint er dir wie eine Grenze, die nur schwer zu passieren ist, doch im Land der Träume kannst du alles schaffen, was du dir vorstellen kannst ... ... Also gehst du unter dem Wasserfall hindurch … … Auf der anderen Seite erscheint alles wie in einem Spiegel … … Du siehst die gleichen Steine im Fluss, das gleiche Ufer, wie ein Spiegelbild des Traumlandes … … Du gehst über die Steine zum Ufer … … Du stehst am Ufer und siehst menschliche Gestalten auf dich zu kommen … … Person, in graue Gewänder gehüllt … … Diese Menschen kommen näher, doch bleiben in einigen Metern Entfernung stehen … … Du erkennst Personen, die dich einst gezwungen haben … … Menschen, die dir Angst gemacht haben, vielleicht Gewalt angetan haben … … hier und heute im Land der Träume kann dir nichts mehr geschehen … … Auf dieser Seite des Wasserfalls ist alles wie ein Spiegelbild, wie eine Reflexion oder eine Fata Morgana … … Du kannst in jedem Bild deiner Erinnerung stehen, doch nichts kann dich angreifen oder dich berühren … … Nichts kann dich hier zwingen … … nichts und niemand kann dich zwingen … … Du denkst an die Schuldgefühle, die nicht wirklich deine eigenen waren … … und du hast sie losgelassen, kannst sie immer wieder loslassen … … Dann fällt dir ein, dass du auch Wünsche nach Vergeltung und Rache hattest, vielleicht sogar jetzt haben könntest … … Wenn das so sein sollte, dann ist das in Ordnung, denn deine eigenen Gefühle können niemals falsch sein … … Es kommt nur auf deine Handlungen an … … und du überlegst, welche Handlung jetzt die richtige sein kann, vielleicht weißt du es aber auch schon … … So oft hast du dir gewünscht, all das möge nicht geschehen sein … … Du hast dir ausgemalt, wie es wohl wäre, wenn du eine andere Geschichte gehabt hättest … … eine andere Kindheit oder ein anderes Leben mit anderen Menschen um dich herum … … Doch so schön diese Träume auch sein mögen, deine Geschichte gehört zu dir … … eine andere hast du nicht … … Vergangenheit kann nicht mehr geändert werden … … Du kannst deine Gegenwart ändern, indem du deine Vergangenheit so annimmst, wie sie nun mal war … … Vielleicht willst du den Menschen von damals etwas sagen … … Sag ihnen jetzt, was auch immer du sagen willst … … Wenn du wütend bist, ist das ebenso in Ordnung wie traurig und enttäuscht zu sein … … Was auch immer du sagen willst, du beendest es hier und heute … … Du weißt, dass diese Menschen und ihre Taten der Vergangenheit angehören … … deiner Vergangenheit … … und sollten diese Personen in deinem heutigen Leben noch eine für dich wichtige Rolle spielen oder du ihnen immer noch begegnen, dann weißt du dennoch, dass die Zwänge und die Angst in der Vergangenheit liegen ... ... Dieser Teil der Personen wird für immer im Spiegelbild bleiben und kann niemals in das Land deiner Träume vor dem Wasserfall gelangen, denn er ist vergangen ... ... Nun ist es an der Zeit, deine Geschichte tatsächlich anzunehmen, deinen Frieden in dir zu machen ... ... Du gehst über die Steine im Fluss zum Wasserfall ... ... es gibt nichts mehr zu tun in der Vergangenheit ... ... Du verzichtest im Land der Träume auf Rache und Vergeltung ... ... Du verzichtest auf den Wunsch, die Vergangenheit ändern zu wollen ... ... Du änderst deine Gegenwart, indem du bestimmst, was in ihr noch sein und werden darf ... ... Du erreichst den Wasserfall und schaust dich um ... ... Die grauen Gestalten am Ufer sind zu grauem Stein erstarrt und zerfallen im Wind der Zeit vor deinen Augen zu Staub ... ... Du gehst unter dem Wasserfall hindurch zurück in das Land der Träume und kommst in einem wunderschönen Tal an ... ...

*Schritt in die Gegenwart.* Du denkst darüber nach, dass es jetzt an der Zeit ist, deine innere Freiheit zu finden und ganz im Augenblick der Gegenwart zu leben ... ... Vergangenes loszulassen und bei dir selbst anzukommen, um in deiner Gegenwart dein Leben zu gestalten und alle Hindernisse zu überwinden ... ... Und mit diesem Gedanken zeigt sich vor deinen Augen das goldene Tor der inneren Freiheit, das sich für dich jetzt öffnet, in genau diesem Augenblick ... ... Und mit einem großen Schritt gehst du durch das goldene Tor der inneren Freiheit und kommst im Augenblick der Gegenwart an ... ...

*Kreative Neuausrichtung.* Du stehst auf der Blumenwiese und legst dich bequem hin ... ... Du schaust in den hellblauen Himmel ... ... Kleine weiße Wolken ziehen im Wind der Zeit und du fängst an zu träumen ... ... Du träumst einen schönen Tagtraum davon, wie du dein Leben ab sofort gestalten willst ... ... wer daran und darin teilhaben darf ... ... mit wem du einen schönen Kontakt pflegen willst und wer sich von dir entfernen soll ... ... Du stellst dir vor, wie es sein kann, sobald du ganz und gar die Kontrolle über dein Leben übernimmst ... ... über deine Gegenwart, die einzige Zeit, die es wirklich gibt ... ... Der Zukunft gehst du nur dann entgegen, wenn du die Gegenwart erlebst und gestaltest ... ...

Du entwirfst ein schönes Bild von deiner selbstbestimmten Gegenwart und malst es in silbernen Farben in den Himmel ... ...

*Selbstversöhnung.* Dann hörst du Kinderstimmen, die glücklichen Kinder laufen über die Blumenwiese und ganz vorne läuft das Kind, das so aussieht wie du ... ... das Kind, das du selbst auch bist ... ... dein inneres Kind läuft vorneweg ... ... Es winkt dir zu und lacht ... ... Es freut sich, dass es nun so schnell wie alle anderen zum Horizont laufen kann ... ... denn dort beginnt deine Zukunft und Zukunft beginnt schon mit dem nächsten Wimpernschlag ... ... Das Lachen der glücklichen Kinder hallt durch das ganze Land und dein eigenes Lachen wird immer lauter ... ... und Schritt für Schritt, in deinem Tempo, in deiner Geschwindigkeit, gehst auch du deiner Zukunft entgegen ... ...

*Achtsamkeit und Selbsttreue.* Dann gehst du über die Blumenwiese und kommst zu einem Apfelbaum ... ... An dem Baum hängen leuchtend rote Äpfel ... ... Du pflückst den größten Apfel, den du finden kannst und beißt hinein ... ... Er schmeckt süß und saftig ... ... Du machst es dir unter dem Baum bequem ... ... eine rote Wolldecke lädt dich zum Ausruhen ein ... ... Du legst dich auf die Decke und isst den roten Apfel und mit jedem Bissen wird es wärmer in dir ... ... Du schließt die Augen und fängst an zu träumen ... ... Du träumst von Frieden und Freiheit tief in dir und von den glücklichen Kindern, die mit Körben voller roter Äpfel zum Horizont laufen ... ... und in deinem Traum läufst du mit ihnen ... ... Dann fällt dir ein, dass das Land der Träume ganz tief in dir drin ist ... ... Dort war es schon immer ... ... Ich erzähle dir nur davon ... ...

*[Schenke dir selbst Achtsamkeit und Respekt und würdige dein Bedürfnis nach Ruhe und Ausgeglichenheit. Erlaube dir also einfach, noch etwas in deinen Gedanken zu verweilen und in deinen Gefühlen zu treiben. Folge dem Gefühl deines Körpers, der dir zeigt, wie es dir innerlich geht, tief in deinen Emotionen. Lass deinen Atem fließen und spüre das Fließen deiner eigenen Kraft, die mit ihm ein- und ausströmt. Wie der Wind deines Atems kann deine Kraft nach außen wirken und immer wieder zu dir zurückkommen. Genieße diese Vorstellung und stell dich auf die Rückkehr in deinen wachen Alltag ein.]*

## Kontrollzwang
*Fünfte Sitzung (Abschlussritual)*

*[Du hast in der letzten Zeit gelernt, deine wahren Gefühle zu finden und anzunehmen, sie wieder da sein zu lassen, ohne Angst und Zwang. Zwänge haben lange Zeit dein Leben bestimmt, es gehört zu deiner Lebensgeschichte, das Gezwungensein und deine eigenen Kontrollzwänge erlebt zu haben und die Herausforderung des Loslassens und der inneren Befreiung anzunehmen. Das hast du getan, du hast das Land der Träume kennen gelernt. Ein Land, in dem alles sein kann, was du denken kannst. Und auch ein Land, in dem du denken und dir vorstellen kannst, woran du in deinem wachen Alltag nicht mehr glauben konntest. Du hast gelernt loszulassen, vor allem von dem Wunsch nach Wiedergutmachung loszulassen, von der Sehnsucht, es möge anders gekommen sein in deinem Leben. Diese Sehnsucht ist menschlich und wir haben sie oft. Indem du aber den Wunsch nach Wiedergutmachung losgelassen hast, hast du den größten Zwang in deinem Leben bereits losgelassen, das zwanghafte Halten an der Vergangenheit. Diese Befreiung kannst du immer wieder erfahren, indem du immer wieder auf deine Gefühle hörst, auf deine wahren und echten Gefühle, die du tief in dir immer hattest.]*

*Ankommen im Land der Träume.* Ich lade dich zu einer besonderen Reise ein ... ... eine Reise durch deine Gedanken und Gefühle ... ... irgendwo in deiner Fantasie ... ... Doch Fantasie und Wirklichkeit sind nur einen Wimpernschlag voneinander entfernt ... ... nur einen einzigen Atemzug ... ... und jede Fantasie kann Wahrheit werden, wenn du es so willst ... ... Du stellst dich also darauf ein, ganz tief in deiner Fantasie und Kreativität eine neue Wahrheit in deinem Leben zu finden ... ... in einem Land, in dem alles möglich ist, was du dir erdenken und erträumen kannst ... ... in einem Land ganz tief in deinem Gefühl ... ... im Land der Träume, das es in jedem Menschen gibt ... ... mit nur einem Atemzug gelangst du dorthin ... ... Es ist soweit ... ... Du gehst in das Land der Träume ... ...

*Distanzierung vom Bewussten.* Die Melodie des Traumlandes umgibt dich ... ... Du kennst sie gut, hörst sie als Musik im Hintergrund, doch die

59

Melodie des Traumlandes ist mehr ... ... Es ist die Vielfalt der Farben ...
... es ist die Harmonie der Natur und es sind die Gefühle, die eine eigene
Sinfonie komponieren ... ... Du stehst auf einem weichen Boden, der
dich einlädt, ohne Schuhe durch das Land zu gehen ... ... Das Land der
Träume, das immer das Land deiner Stimmungen und Gefühle ist ... ...
und tief in dir drin spürst du viele Gefühle ... ... vielleicht auch heute
das Gefühl der Unsicherheit und des Gezwungenseins... ... gleichzeitig
aber auch Gefühle der Hoffnung und Zuversicht ... ... Gefühle der Fröh-
lichkeit und des Mutes tief in dir ... ... Du schaust in den Himmel, der
wunderschön hellblau leuchtet ... ... Der hellblaue Himmel breitet sich
über dem Traumland aus ... ... Er erinnert dich daran, dass du Vergangenes überwinden kannst, Angst und alle Zwänge loslassen kannst ... ...

*Bewusstseinsreinigung.* Du schaust nach oben in den Himmel und siehst
eine dichte Wolkendecke, die den Himmel grau färbt ... ... Dann öffnet
sich ein Spalt in den Wolken ... ... und aus dem Spalt strahlt ein heller
und wunderschöner weißer Lichtstrahl zur Erde ... ... Ein Kegel aus
weißem Licht, der sich langsam ausdehnt ... ... Du gehst auf den weißen
Lichtkegel zu ... ... Du stehst vor dem Lichtkegel und streckst deine
Hände in das weiße Licht, das über deine Arme in deinen ganzen Körper fließt ... ... Dann gehst du mit einem großen Schritt in den Lichtkegel und lässt das weiße Licht ganz und gar durch deinen Körper fließen
... ... Dein Körper leuchtet weiß ... ... Deine Gedanken zerfließen im
weißen Licht, lösen sich einfach auf und du fühlst dich frei ... ... Mit
einem kräftigen Schritt gehst du aus dem Lichtkegel heraus ... ...

*Konfrontation und Klärung.* Du stehst auf einem breiten Weg ... ... Du
folgst diesem Weg, weil du längst verstanden und selbst erfahren hast,
dass der Weg im und durch das Land der Träume immer ein Weg zu dir
ist ... ... Du kannst also immer nur den richtigen Weg gehen ... ... Du
schaust dir die Landschaft abseits des Weges an und vielleicht gibt es
dort Wiesen und Wälder ... ... Flüsse und Seen ... ... oder schöne Häu-
ser ... ... und am Wegesrand entdeckst du drei große Steinplatten, die
aussehen wie Gedenksteine ... ... Du gehst zu den steinernen Tafeln ...
... Die erste Steintafel hat eine ganz glatte Oberfläche, wie geschliffener
Granit ... ... Du kannst dich darin spiegeln ... ... und in deinem Spiegel-

bild erinnerst du dich an eine Situation der letzten Wochen, in der du dich so richtig geärgert hast … … Du erinnerst dich an ein Ärgernis der letzten Wochen, siehst Bilder auf der Tafel, die dich daran erinnern, wie die Situation war … … Dann spürst du ganz tief in dich hinein, hinter den Ärger und nimmst deine Gefühle dort bewusst wahr … … vielleicht gibt es dahinter Enttäuschung … … oder Trauer … …oder ein anderes Gefühl, dass du jetzt fühlen kannst … … Der Ärger war echt, doch dieses andere Gefühl dahinter ist noch wichtiger, denn es ist dein wahres Gefühl … … Du wählst für das wahre Gefühl einen Begriff und schreibst ihn auf die Steintafel … … Das Bild der Erinnerung und diese Inschrift bleiben auf dem Gedenkstein für dich erhalten … … Dann gehst du zum nächsten Stein und schaust auch dort in dein Spiegelbild, das sich auf der blanken Oberfläche zeigt … … Du erinnerst dich an eine Situation der letzten Wochen, die dich so richtig gefreut hat … … Du siehst Bilder davon auf der steinernen Tafel, die sich dort eingravieren und du spürst in dich hinein … … Es gibt noch weitere Gefühle hinter der Freude … … vielleicht Erleichterung … … Genugtuung … … oder eben ein anderes Gefühl, das du jetzt deutlich fühlen kannst … … Welches Gefühl es auch sein mag, lass es zu und graviere es als Inschrift in den Stein … … Dann geh zu der dritten Steintafel … … Du siehst auch hier dein Spiegelbild und erinnerst dich an eine Situation der letzten Wochen, die dich verblüfft oder vollkommen überrascht hat … … Du fühltest dich vielleicht überrumpelt oder konntest gar kein Gefühl so richtig greifen … … Jetzt aber spürst du tief in dich hinein und fühlst, was du da gefühlt hast … … vielleicht Bedrängnis … … Unterdrückung … … oder aber spontane Erleichterung … … oder eben ein anderes Gefühl, das du jetzt auch greifen kannst … … Du gravierst einen Begriff für dein Gefühl mit dem Bild der Situation, die dich überrascht hat, in den Stein … …

*Schritt in die Gegenwart.* Du denkst darüber nach, dass es jetzt an der Zeit ist, deine innere Freiheit zu finden und ganz im Augenblick der Gegenwart zu leben … … Vergangenes loszulassen und bei dir selbst anzukommen, um in deiner Gegenwart dein Leben zu gestalten und alle Hindernisse zu überwinden … … Und mit diesem Gedanken zeigt sich vor deinen Augen das goldene Tor der inneren Freiheit, das sich für dich jetzt öffnet, in genau diesem Augenblick … … Und mit einem großen

Schritt gehst du durch das goldene Tor der inneren Freiheit und kommst im Augenblick der Gegenwart an ... ...

*Kreative Neuausrichtung.* Du stehst auf der Blumenwiese und siehst überall steinerne Tafeln ... ... Du gehst von Tafel zu Tafel und alle Steintafeln sind leer ... ... Sie warten darauf, mit Bildern und Eindrücken deines Alltages beschrieben zu werden ... ... Sie sind leer, weil dir kein Gefühl mehr vorgegeben wird und weil es keinen Zwang mehr gibt ... ... So oft stand von vorneherein fest, was du fühlen solltest, doch jetzt ist alles offen ... ... So oft hat der Zwang entschieden, was du tun musstest, doch jetzt entscheidest du selbst ... ... und du bist offen dafür, ganz zwanglos zu fühlen, was du wirklich fühlst ... ... zu denken, was du wirklich denkst ... ... zu sein, was du wirklich bist ... ...

*Selbstversöhnung.* Du suchst dein inneres Kind ... ... Du willst auch dem inneren Kind helfen, ganz und gar frei zu sein ... ... Du rufst seinen Namen, der dein eigener Name ist ... ... immer und immer wieder rufst du deinen eigenen Namen, weil du das Kind in dir suchst, um ihm zu helfen ... ... Du schaust in die Ferne um es zu entdecken ... ... Dann ziehen kleine Hände an deinen Händen ... ... Du schaust nach unten und siehst die Gruppe der glücklichen Kinder, die längst bei dir ist, doch dein inneres Kind ist nicht unter ihnen ... ... Die Kinder zeigen mit ihren kleinen Händen zum Horizont, in die aufgehende Sonne ... ... Du schaust zum Horizont und siehst dort die Silhouette einer erwachsenen Person ... ... Du erkennst in dieser Gestalt deine eigenen Konturen ... ... Und sofort wird dir klar, dass die Person am Horizont dein inneres Kind ist, das zur erwachsenen Person geworden ist, das groß geworden ist im Land der Träume ... ... Die glücklichen Kinder verabschieden sich von dir und laufen zum Horizont ... ... und mit jedem Schritt werden auch sie größer und kommen als erwachsene Personen am Horizont an ... ... Dein inneres Kind wirst du wiedersehen am Horizont ... ... vielleicht heute schon ... ... oder morgen ... ... oder an jedem Tag deines Lebens für einen kurzen Augenblick ... ...

*Achtsamkeit und Selbsttreue.* Dann gehst du über die Blumenwiese und kommst zu einem Apfelbaum ... ... An dem Baum hängen leuchtend rote

Äpfel ... ... Du pflückst den größten Apfel, den du finden kannst und beißt hinein ... ... Er schmeckt süß und saftig ... ... Du machst es dir unter dem Baum bequem ... ... eine rote Wolldecke lädt dich zum Ausruhen ein ... ... Du legst dich auf die Decke und isst den roten Apfel und mit jedem Bissen wird es wärmer in dir ... ... Du schließt die Augen und fängst an zu träumen ... ... Du träumst von Frieden und Freiheit tief in dir und von den glücklichen Kindern, die mit Körben voller roter Äpfel zum Horizont laufen ... ... und in deinem Traum läufst du mit ihnen ... ... Dann fällt dir ein, dass das Land der Träume ganz tief in dir drin ist ... ... Dort war es schon immer ... ... Ich erzähle dir nur davon ... ...

*[Schenke dir selbst Achtsamkeit und Respekt und würdige dein Bedürfnis nach Ruhe und Ausgeglichenheit. Erlaube dir also einfach, noch etwas in deinen Gedanken zu verweilen und in deinen Gefühlen zu treiben. Folge dem Gefühl deines Körpers, der dir zeigt, wie es dir innerlich geht, tief in deinen Emotionen. Lass deinen Atem fließen und spüre das Fließen deiner eigenen Kraft, die mit ihm ein- und ausströmt. Wie der Wind deines Atems kann deine Kraft nach außen wirken und immer wieder zu dir zurückkommen. Genieße diese Vorstellung und stell dich auf die Rückkehr in deinen wachen Alltag ein.]*

## Buchreihe: Im Land der Träume

Fantasiereisen für Erwachsene. Band 1 *ISBN: 978-3-7322-8620-1*
*Selbstachtung und Selbstwertgefühl; Gewalt gegen die Mutter*

Fantasiereisen für Erwachsene. Band 2 *ISBN: 978-3-7322-8627-0*
*Psychosomatik; Panikanfälle*

Fantasiereisen für Erwachsene. Band 3 *ISBN: 978-3-7322-8571-6*
*Einschlafstörungen; Übergewicht und Essanfälle*

Fantasiereisen für Erwachsene. Band 4 *ISBN: 978-3-7322-8572-3*
*Sexueller Missbrauch durch Priester; Gewalt in der Kindheit*

Fantasiereisen für Erwachsene. Band 5 *ISBN: 978-3-7322-8574-7*
*Suchttendenzen (Alkohol); Angst beim Autofahren*

Fantasiereisen für Erwachsene. Band 6 *ISBN: 978-3-7322-8581-5*
*Burnout; Trauerbewältigung*

Fantasiereisen für Erwachsene. Band 7 *ISBN: 978-3-7322-8605-8*
*Prüfungsangst; Kontrollzwänge*

Fantasiereisen für Erwachsene. Band 8 *ISBN: 978-3-7322-8608-9*
*Ticstörungen; Schwangerschaftsabbruch*

Fantasiereisen für Erwachsene. Band 9 *ISBN: 978-3-7322-8610-2*
*Fehlgeburt; Flugangst*

Fantasiereisen für Erwachsene. Band 10 *ISBN: 978-3-7322-8611-9*
*Existenzangst; Hypochondrie*

## Weitere Fantasiereisen und Trancegeschichten

Wellen am Horizont. Trancegeschichten *ISBN: 978-3-8391-1394-3*
*Trancegeschichten zu verschiedenen Themen*

Heilsame Fantasien. Trancegeschichten *ISBN: 978-3-8391-0899-4*
*Trancegeschichten zu verschiedenen Themen*

Fang wieder an zu leben. Trancegeschichten *ISBN: 978-3-7322-4695-3*
*Trancegeschichten zu Abbruch- und Umbruchsituationen*

Spiegelbilder im See. Trancegeschichten *ISBN: 978-3-7322-9736-8*
*Trancegeschichten zum Thema Beziehungen*

Feuer am Wasserfall. Trancegeschichten *ISBN: 978-3-7322-9782-5*
*Trancegeschichten zum Thema Gefühle und Stimmungslagen*

Frieden mit dem inneren Kind. Trancegeschichten *ISBN: 978-3-7357-8853-5*
*Trancegeschichten zur Vergangenheitsbewältigung mit dem inneren Kind*

Im Land der Sternenkinder. Trancegeschichten *ISBN: 978-3-7322-8624-9*
*Trancegeschichten für Eltern von Sternenkindern*

Diesseits der Sternenbrücke. Trancegeschichten *ISBN: 978-3-7322-8623-2*
*Trancegeschichten für Pflegekräfte*

**Die neue Audioreihe (CD, mp3) von und mit Ingo Michael Simon**
Audio-CD (mp3) zur Vorbereitung auf die Zulassungsprüfung
der Heilpraktiker für Psychotherapie

In der Sendereihe *„Die therapeutische Stunde"* veranstaltet Autor und Heilpraktiker für Psychotherapie Ingo Michael Simon regelmäßig Webcasts (Broadcasts im Internet) mit Lerngruppen. Zu ausgewählten Themen der Psychotherapie und Psychiatrie unterrichtet der erfahrene Therapeut frei gesprochen wie in seinen Seminaren und beantwortet während der Sendung eingehende Fragen der Zuhörer. Von allen Sendungen werden Liveaufzeichnungen gemacht und auf *CD im Buchhandel* veröffentlicht.

Infos zu bereits veröffentlichten Sendungen und geplanten Themen erhalten Sie auf der Website www.praxissimon.de. Alle bereits veröffentlichten CDs können im Buchhandel und auf der Website des Autors bestellt werden.

## Buchreihe: Zehn Hypnosen

Zehn Hypnosen. Band 1: Raucherentwöhnung *ISBN: 978-3-8391-1838-2*

Zehn Hypnosen. Band 2: Angst und Unruhezustände *ISBN: 978-3-7322-4734-9*

Zehn Hypnosen. Band 3: Burn Out *ISBN: 978-3-7322-4717-2*

Zehn Hypnosen. Band 4: Übergewicht reduzieren *ISBN: 978-3-7322-4569-7*

Zehn Hypnosen. Band 5: Vergangenheitsbewältigung *ISBN: 978-3-7322-4719-6*

Zehn Hypnosen. Band 6: Suizidgedanken und Suizidversuche *ISBN: 978-3-7322-4722-6*

Zehn Hypnosen. Band 7: Psychoonkologie *ISBN: 978-3-7322-4725-7*

Zehn Hypnosen. Band 8: Zwänge und Tics *ISBN: 978-3-7322-4726-4*

Zehn Hypnosen. Band 9: Selbstvertrauen und Entscheidungen *ISBN: 978-3-7322-4727-*

Zehn Hypnosen. Band 10: Trauerarbeit *ISBN: 978-3-7322-4729-5*

Zehn Hypnosen. Band 11: Psychosomatik *ISBN: 978-3-7322-8515-0*

Zehn Hypnosen. Band 12: Chronische Schmerzen *ISBN: 978-3-7322-8527-3*

Zehn Hypnosen. Band 13: Depressive Gedanken *ISBN: 978-3-7322-8528-0*

Zehn Hypnosen. Band 14: Panikanfälle *ISBN: ISBN: 978-3-7322-8533-4*

Zehn Hypnosen. Band 15: Gewalterfahrungen *ISBN: 978-3-7322-8535-9*

Zehn Hypnosen. Band 16: Posttraumatischer Stress *ISBN: 978-3-7322-8538-9*

Zehn Hypnosen. Band 17: Prüfungsangst und Lampenfieber *ISBN: 978-3-7322-8546-4*

Zehn Hypnosen. Band 18: Anti-Gewalt-Training *ISBN: 978-3-7322-8549-5*

Zehn Hypnosen. Band 19: Suchttendenzen *ISBN: 978-3-7322-8550-1*

Zehn Hypnosen. Band 20: Soziale Phobie und Kontaktangst *ISBN: 978-3-7322-8557-0*

## Weitere Hypnosebücher

Der Gruppenhypnose Baukasten. Textbausteine *ISBN: 978-3-7322-8634-8*

Selbsthypnose. Das Praxisbuch *ISBN: 978-3-7322-4667-0*

Hypnose kreativ gestalten. Anleitungen für die Praxis *ISBN: 978-3-8448-0308-2*

Hypnosepraxis. Ein Leitfaden der Trancearbeit *ISBN: 978-3-8370-7629-5*

Reframing in Trance. Perspektiven mit Hypnose ändern *ISBN: 978-3-8370-7639-4*

Rückführungen. Leitfaden der Reinkarnationstherapie *ISBN: 978-3-8370-7642-4*

Der Hypnosebaukasten. Textbausteine und Anleitungen *ISBN: 978-3-8391-8109-6*

Grundkurs Hypnose *ISBN: 978-3-8391-0170-4*

Suggestionen richtig formulieren *ISBN 978-3-8370-9519-7*

## Suggestionstexte und Hypnosevorlagen

Hypnosetexte 1. 50 ausformulierte Suggestionstexte für den Hypnosehauptteil *ISBN: 978-3-7322-4658-8*

Hypnosetexte 2. 50 ausformulierte Suggestionstexte für den Hypnosehauptteil *ISBN: 978-3-7322-4659-5*

Hypnosetexte 3. 50 ausformulierte Suggestionstexte für den Hypnosehauptteil *ISBN: 978-3-7322-4660-1*

Hypnosetexte 4. 50 ausformulierte Suggestionstexte für den Hypnosehauptteil *ISBN: 978-3-7322-4665-6*

Hypnosetexte 5. 50 ausformulierte Suggestionstexte für den Hypnosehauptteil *ISBN: 978-3-7322-8631-7*

Hypnosetexte 6. 50 ausformulierte Suggestionstexte für den Hypnosehauptteil *ISBN: 978-3-7322-8625-6*

## Heilpraktikerbücher

Heilpraktiker für Psychotherapie. Prüfungswissen
*ISBN: 978-3-8334-9867-1*

Heilpraktiker für Psychotherapie. Die mündliche Prüfung
*ISBN: 978-3-8334-9868-8*

Heilpraktiker für Psychotherapie. Die schriftliche Prüfung
*ISBN: 978-3-8370-0347-5*

Heilpraktiker für Psychotherapie. 20 Fallbeispiele
*ISBN: 978-3-8370-1090-0*

Endlich Heilpraktiker. Die häufigsten Irrtümer in der Psychotherapieprüfung *ISBN: 978-3-8370-0329-1*

Übungsaufgaben Psychotherapie. Zur Vorbereitung auf den kleinen Heilpraktiker *ISBN: 978-3-8370-0683-4*

Crashtest Psychotherapie. Zur Vorbereitung auf den kleinen Heilpraktiker *ISBN: 978-3-8370-0709-1*

Spezialtest Psychotherapie. Für kleine und große Heilpraktiker *ISBN: 978-3-8370-5838-3*

Heilpraktikerprüfung Psychotherapie. 200 kommentierte Aufgaben *ISBN: 978-3-8370-6017-1*

Diagnosetraining Psychotherapie. Ein Arbeits- und Nachschlagebuch *ISBN: 978-3-8370-4281-8*

Psychotherapie. Der Fragenkatalog. Fachwissen Heilkunde
*ISBN: 978-3-8370-5396-3*